微生物・花粉による室内空気汚染とその対策

―健康影響・測定法から建築と設備の設計・維持管理まで―

日本建築学会 編

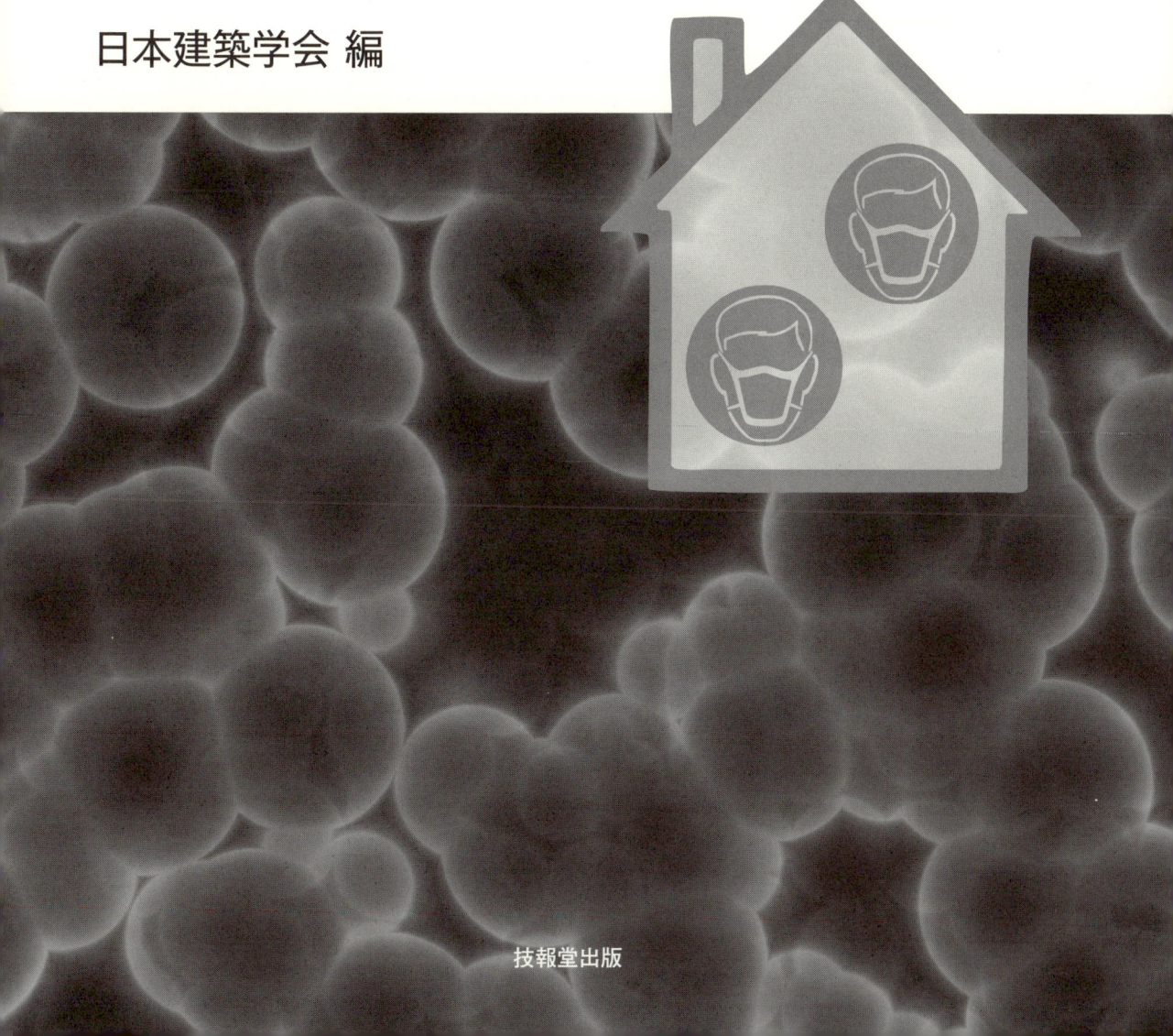

技報堂出版

序

　本書は，建築の分野で微生物の汚染による害を防止し，あるいは微生物をよりよく利用するためにどうしたらよいかを考える人々のために，現時点で必要な基本的な事項をまとめたものである。

　近年，建築そのものの仕事が設計・建設から維持・管理，居住・住まい方にまで広がっており，それぞれの場面での課題が出てきている。微生物についても，医学的な面のみならず生活そのもの，あるいは建築的な種々の面で関連が出てきている。また，それぞれの内容が急速に変化・改善がなされつつある。

　建築の分野の人間がこれらの課題に対応するためには，微生物などの性質についての最小限の知識が必要なばかりではなく，建築との違いを知らねばならない。本書はすべての項目について一様に網羅するものでなく，既存の資料によっては得られないような点についてとくに詳しく述べている。

　本書が対象とする内容は，これまでに経験のないものが多い。読者のご経験や，得られた資料を寄せていただいて，より完全なものとしていただくことをお願いする。

　本書の内容は，日本建築学会　環境工学委員会　空気環境運営委員会　室内微生物制御マニュアル作成小委員会のメンバーが作成・検討して出来上がったものである。記して謝意を表する。

2009 年 7 月

国立保健医療科学院　客員研究員

吉　澤　　晋

環境工学委員会

委員長　井上　勝夫
幹　事　石川　孝重　　稲留　康一　　久野　　覚
委　員　（省　略）

企画刊行運営委員会

主　査　加藤　信介
幹　事　伊藤　一秀
委　員　（省　略）

室内微生物制御マニュアル作成小委員会

主　査	菅原　文子	元 郡山女子大学
委　員	大橋　えり	福井大学
	小竿真一郎	日本工業大学
	高鳥　浩介	東京農業大学
	湯　懐鵬	新菱冷熱工業中央研究所
	諸岡　信久	郡山女子大学
	柳　　宇	国立保健医療科学院
	横山真太郎	北海道大学
	吉澤　　晋	国立保健医療科学院

(2009年3月現在，五十音順，敬称略)

目　　次

1　はじめに　　1

1.1　「室内微生物汚染とその対策」刊行にあたり ── 1
1.2　本書の位置づけ ── 1
1.3　微生物 ── 2
　　1.3.1　細　菌……… 2
　　1.3.2　真　菌……… 2
　　1.3.3　微生物の発生源と増殖……… 2
　　1.3.4　微生物の挙動……… 3
　　1.3.5　真菌の形態学的直径と動力学的直径……… 3
1.4　花　粉 ── 3

2　健康影響　　5

2.1　人への影響 ── 5
2.2　物への影響 ── 5
2.3　被曝の機構 ── 5
　　2.3.1　空気経由……… 5
　　2.3.2　物体経由……… 8

3　本書と「微生物による室内空気汚染に関する設計・維持管理規準・同解説（日本建築学会環境基準 AIJES-A002-2005）」の関係　　11

3.1　日本建築学会環境基準（AIJES-A002-2005） ── 11
3.2　本マニュアルの基本理念 ── 12

4　環境条件と微生物　　15

- 4.1 生物界における微生物の位置 ———————————————————— 15
  - 4.1.1 生命活動が可能な環境……… 15
  - 4.1.2 生態系と微生物の役割……… 15
  - 4.1.3 室内環境に生息する微生物……… 15
- 4.2 成長に関する物理的条件 ———————————————————— 15
  - 4.2.1 温　度……… 15
  - 4.2.2 湿　度……… 16
  - 4.2.3 酸　素……… 16
  - 4.2.4 水素イオン濃度（pH）……… 16
  - 4.2.5 カビ指数について……… 16
- 4.3 成長に関する化学的条件 ———————————————————— 17
  - 4.3.1 微生物増殖の栄養……… 17
- 4.4 室内環境の管理 ———————————————————————— 17
  - 4.4.1 病原微生物……… 18
- 4.5 微生物制御 ——————————————————————————— 21
  - 4.5.1 滅菌法……… 22
  - 4.5.2 物理的消毒法……… 22
  - 4.5.3 化学的消毒法（抗菌剤を用いた消毒法）……… 22
  - 4.5.4 抗菌剤……… 23

5　室内微生物濃度制御の方法　25

- 5.1 基本的方法 ——————————————————————————— 25
- 5.2 微生物汚染への対策基準について ————————————————— 26
- 5.3 建築設計の観点から ——————————————————————— 26
  - 5.3.1 全般的方針……… 26
- 5.4 建築計画的・環境工学・建築設備的条件から ———————————— 27
- 5.5 維持管理・運転の観点から ———————————————————— 27
- 5.6 居住者・職員の利用法の観点から ————————————————— 28
- 5.7 建築および設備設計・施工上の対策 ———————————————— 28
  - 5.7.1 住　宅……… 28
  - 5.7.2 事務所……… 29
  - 5.7.3 学　校……… 32
  - 5.7.4 病　院……… 35

  5.7.5 食品工場……… 37
  5.7.6 医薬品と化粧品工場……… 39
 5.8 居住（建物使用）時での維持管理上の対策 ——————————————— 39
  5.8.1 住　宅……… 39
  5.8.2 事務所……… 39
  5.8.3 学　校……… 42
  5.8.4 病　院……… 44
  5.8.5 食品工場……… 45
  5.8.6 医薬品と化粧品工場……… 48

6　室内花粉濃度制御の方法　　55

 6.1 空中花粉の概要 ——————————————————————————— 55
  6.1.1 スギ花粉アレルゲン粒子について……… 55
  6.1.2 花粉源と飛散……… 56
  6.1.3 スギ花粉飛散の実態……… 56
  6.1.4 室内花粉について……… 57
  6.1.5 花粉飛散数と花粉症発症……… 59
 6.2 基本的方法 ——————————————————————————————— 59
  6.2.1 建築設計の観点から……… 59
  6.2.2 環境工学・建築設備的側面から……… 59
 6.3 建築および設備設計・施工上の対策 ———————————————————— 59
  6.3.1 侵入の防止……… 59
  6.3.2 搬入の防止……… 60
  6.3.3 清掃除去……… 60
 6.4 居住（建物使用）時の対策手法 ——————————————————————— 60
  6.4.1 外部での吸入予防……… 60
  6.4.2 外部での被曝予防……… 60
  6.4.3 帰宅後の除去……… 60
  6.4.4 払い落とし（洗濯物・布団など）……… 60
 6.5 対策用設備機器使用上の問題点と注意 ——————————————————— 61
  6.5.1 マスクなど……… 61
  6.5.2 搬入防止機器……… 61
  6.5.3 床からの除去など……… 61

7 健康上とくに考慮を必要とする場合の対策　63

- 7.1 シックハウス症候群と化学物質過敏症 ─ 63
  - 7.1.1 定　義……… 63
  - 7.1.2 症　状……… 64
  - 7.1.3 発症原因……… 64
- 7.2 建築および設備設計・施工上の注意点 ─ 65
  - 7.2.1 共通注意点……… 65
  - 7.2.2 建築設計・施工上の注意点……… 65
  - 7.2.3 設備設計・施工上の注意点……… 67
- 7.3 居住（建物使用）時の注意点 ─ 68

8 微生物とその測定法　73

- 8.1 基本事項 ─ 73
- 8.2 発生源と影響要因 ─ 73
  - 8.2.1 真　菌……… 73
  - 8.2.2 細　菌……… 74
  - 8.2.3 ウイルス……… 74
- 8.3 発生量の求め方 ─ 75
  - 8.3.1 実　験……… 75
  - 8.3.2 実験結果……… 76
  - 8.3.3 活動量と発生量の相関……… 76
  - 8.3.4 真菌と細菌の活動による発生……… 76
- 8.4 測定上の問題点 ─ 77
  - 8.4.1 微生物の取扱い……… 77
  - 8.4.2 微生物の増殖性に影響する要素……… 77
  - 8.4.3 微生物の培養で考慮すべき要素……… 77
  - 8.4.4 培地，試薬・試液……… 77
  - 8.4.5 環境微生物測定法……… 77
  - 8.4.6 微生物制御の重要点……… 78
- 8.5 落下と浮遊の関連 ─ 78
  - 8.5.1 屋外における浮遊微生物濃度と落下菌量の関係……… 78
  - 8.5.2 落下粒子量……… 79

>- 8.5.3　実験結果……… 79
- 8.6　**微生物測定法** ─────────────────────────── 79
  - 8.6.1　浮遊微生物測定法……… 79
  - 8.6.2　落下菌測定法……… 83
  - 8.6.3　付着測定法……… 84
  - 8.6.4　検出菌の同定方法……… 86

9　花粉測定法　89

- 9.1　**空中花粉の捕集方法** ───────────────────────── 89
  - 9.1.1　落下法……… 89
  - 9.1.2　体積法……… 89
- 9.2　**捕集花粉の定量方法** ───────────────────────── 90
  - 9.2.1　顕微鏡による形態観察や計数作業……… 90
  - 9.2.2　花粉アレルゲン量の測定……… 90
- 9.3　**空中花粉自動測定器** ───────────────────────── 90
- 9.4　**室内測定の注意点** ───────────────────────── 92

10　結　語　93

索　引 ─────────────────────────────────── 95

1 はじめに

1.1 「室内微生物汚染とその対策」刊行にあたり

　本書は，室内空気質を清浄に保つために，一定の規準や目標を設けて，それらを達成すべく努力するための手法を示すものである。

　室内空気質に関して，ある一定のレベルを維持するためには，それらの規準を守り，建物の竣工後の維持・管理も念頭におかなければならない。そのために最も大切なプロセスは，最初に決めた基本を企画・設計段階において規準や目標として守る必要がある。室内空気汚染濃度の制御に関しては，具体的に以下のように作業を進める必要がある。

① 建物の使用目的に従って規準濃度や対策目標を決める。
② 対象とすべき汚染物質を選定する。
③ 室内などの汚染の実態の調査をする。
④ 環境におけるその汚染物質の濃度あるいは，被曝量を予測する。
⑤ ただし，基本とする汚染物質濃度は，最低のレベルを定めたものであることを忘れてはならない。
⑥ 室内の仕上げ材から発生する汚染物質を考慮して，材料の選択を行う。

　既築の建物の中には，当時汚染レベルが決まっていなかったために，入居後シックビル症候群のような健康に影響を与えるものが実在する。

　室内の空気汚染物は粉塵，微生物，化学物質，放射性物質などさまざまな物質があり，それぞれの基準作成が望まれている。今回対象とする微生物は，細菌，真菌に限るが，例えばそれらより小さいウイルスも空気中に漂い，感染症として麻疹，水疱瘡，インフルエンザなどがある。また，微生物ではないが，屋外から侵入し室内でアレルゲンとして人体に悪影響を与える生物粒子として花粉がある。花粉は室内で増殖はしないが，大きい粒子は落下し，小さいものは空中に残って浮遊塵として室内に残留する。

　このように，さまざまな特性を持つ汚染物質を制御するためには，前述の①～⑥を守らなければならない。

　また，本書では，ダニアレルゲンは直接とりあげないが，現在問題が深刻化しつつある生物粒子としての花粉については，やや詳しく扱うこととした。

1.2 本書の位置づけ

　本書は，室内空気清浄化を目的として書かれたものであるが，室内空気汚染物質は数多く存在する。分類上はガス状汚染物質と粒子状汚染物質に分け，後者を生物粒子と非生物粒子に，生物粒子を微生物粒子と花粉などに分けて考える必要がある。このように数多い汚染物質の大半は規準濃度や汚染対策目標が必ずしも明らかになっていない。

　本書は，このような汚染物質の中で微生物粒子として，室内で浮遊・落下・付着の形態を辿る真菌

と細菌について，汚染防止対策に主眼を置き，関連する規準濃度，測定法などをまとめた。そして，建築や環境分野での室内空気汚染防止設計や維持管理技術を現場で推し進めるための基本を指し示し，参考として頂くためのものでもある。

また，室内空気の総合的な清浄化を考えると，それぞれの汚染物質の規準があらかじめ決まっていなければならず，かつ，設計段階からおのおの決まった規準値を使用すれば，室内空気を汚染から守ることができる。現実的には，複数の汚染物質が同時に同一空間に存在しており，それぞれが混在している上に，化学物質などは変化して別の物質になることも予測しておかねばならず，それが真の室内空気汚染防止対策となる。

1.3 微生物

ここで取り上げる微生物とは，主として細菌と真菌であり，建築物の室内汚染に関連して述べ，細菌あるいは真菌の分類など微生物の専門分野につき詳述するものではない。

1.3.1 細菌

室内に浮遊する細菌は病原菌を含む一般細菌であるが，建築環境で捕集される特殊な病原菌は一般の細菌を捕集する手法では採取できず，その病原菌に適した測定法と培地を用いる必要がある。

1.3.2 真菌

一般に真菌といわれるものには接合菌類，子嚢菌類，不完全菌類，担子菌類などが含まれる。また，学術用語として通常用いられる真菌とは俗に，カビ，酵母，キノコを含み，これらを属名として認知している。すなわち，カビとは糸状構造を持ち，胞子と菌糸構造が基本となる。胞子発芽により，菌糸形成しさらに胞子産生する生活環を有する仲間であり，クロカビ，アオカビなどが該当する。酵母とは出芽形成で母細胞から娘細胞を形成する生活環で単純なサイクルを有す仲間であり，サッカロミセス，赤色酵母カンジダなどが該当する。また，キノコは糸状構造のカビと基本的には似るが，胞子，菌糸形成からさらに子実体といういわゆる傘状構造を一般に形成する仲間であり，シイタケ，シメジなどが該当する。

1.3.3 微生物の発生源と増殖

微生物汚染が，他の汚染物質と大きく異なるところは，発生源が無機質でなく生物で温度・湿度栄養により適応した場所で汚染することである。

(1) 細菌の発生源

自然界の細菌の発生源は土壌であるが，室内での主な発生源は人体と人の活動である。人体の新陳代謝によって剥落する垢やフケに付着して空中に浮遊し，室内濃度を構成する。したがって，在室人数および室内の人の活動などと細菌濃度は相関が認められる。

(2) 真菌の発生源

真菌の発生源は土壌や植栽である。土壌から空中に飛散し，建物の開口部や隙間から室内に侵入し，器物等に付着して，室内の成長に適した環境下で汚染する。

室内での真菌の増殖媒体は，室内の仕上げ材や食物，什器，生活用品等で，塵埃に付着・混入して室内空気を汚染する。また，真菌は新畳表が使用される場合に最も発生しやすい。

建材以外では，空調設備のダクト内で塵埃に付着・増殖して，稼動時に給気口から吹き出し，室内空気を汚染する。真菌は人体から発生することはほとんどないので，建築物の内部で在室人数が増えても真菌の濃度とは相関を持たない。

(3) 細菌・真菌の増殖要因

細菌も真菌も増殖するのに最も必要なのは温度と湿度である。いずれの微生物にも増殖に適した温湿度が存在する。細菌は人体の体温に近い37℃湿度60〜70％が増殖範囲である。真菌は温度20〜30℃で25℃が最もよく発育し，湿度は90〜100％が適正範囲であるが，66％以下にな

ると菌糸の伸長が止まる。増殖するには両菌とも栄養分を必要とし，細菌は有機質の脂質，アミノ酸，糖質にはよく増殖する。一方，真菌はわずかな栄養分で十分であり，無機質であっても菌糸は伸長する。

1.3.4 微生物の挙動
(1) 微生物の分布型

真菌について，その粒径別濃度を6段型アンダーセンサンプラで求め，粒径別度数分布を対数確立紙を用いて作成した結果，粒径分布はほぼ対数正規分布であり，分布型のピーク(平均粒径)は3.5 μmである。また，この分布型は場所や季節に関係なく同一型を示した。

一方，細菌につき同様に作図した結果，対数正規分布とはならず対数確率紙の累積の50％値を平均粒径とし，6.5〜7 μmであった。

このように，真菌が3.5 μmをピークとする対数正規分布型を示すことを明らかにすることは，空調設備のフィルタ選択など，室内空気汚染防止の設計時に重要な役割を果たすものと考える。

(2) 細菌，真菌の空中変動

空中に浮遊している細菌・真菌は，屋内外ともに小さい濃度変動を示しながら浮遊している。屋外では，その変動に影響を与える要因は気象変化であり，風速は5m/secを越えると，浮遊濃度に影響がでる。

真菌の室内濃度変動には，掃除などの活動が影響するが，細菌濃度には，在室人数や活動量が関与し，比較的大きな変動がみられる。

1.3.5 真菌の形態学的直径と動力学的直径

細菌も真菌も空中を浮遊している状態について，現在，十分に検討がなされてはいない。

従来の生物学では，微生物の粒径は一個の胞子や生物体として形態学的な大きさで表現されていた。

しかし，真菌の場合，前述したアンダーセンサンプラで捕集すると，実際には1個から数十個の塊で浮遊しており，最大粒径($13〜37\ \mu$m)を示す最上段で捕集した胞子数は12〜44個であった。前述の真菌平均粒径とした3.5 μmは，アンダーセンサンプラの4段目にあたり，この段で捕集した凝集胞子数は2個であった。上段に捕集された胞子数は凝集して形態学的に大きく見えるのである。

1.4 花　　粉

「花粉」は，本来「アレルゲンを保有する生物粒子」であり，「微生物」の範疇に入るものではない。

近年，花粉症発症の増加に伴い医学や風工学の分野をはじめ，多方面において「空気汚染物質としての花粉」に多くの関心が寄せられている。しかし現在まで建築の分野において花粉に言及した記述はきわめて少ない。花粉が野外発生源から室内に移入するという経過や在室者のQOL(生活の質)向上を考慮すると，建築的立場からの防止対策はきわめて重要であり，急務であると思われる。

本書では，「室内空気汚染物質としての花粉」に対する認識喚起の意味を含め，そして分類上，この花粉をガスや化学物質など他の汚染物質に比べれば微生物により近いものと考え，ここに花粉の章を併記している。

◎参考文献
[1] 菅原文子，吉澤晋：建築空間における浮遊微生物粒子の評価方法に関する研究(第一報)(真菌の空気動力学的直径と形態学的直径の比較)，日本建築学会計画系論文報告集　第371号，pp.44-51，1987
[2] 菅原文子，諸岡信久：空調機ダクト内の微生物，日本建築学会計画系論文集　第493号，pp.55-60，1997
[3] 日本建築学会編：微生物による室内空気汚染に関する設計・維持管理基準・同解説(日本建築学会基準 AIJES-A002-2005)，丸善，2005
[4] 山崎省二編：環境微生物の測定と評価，オーム社，2002

2 健康影響

2.1 人への影響

人が微生物汚染の被曝を受けたときの影響として，2種類の見方がある。すなわち，ある特定の微生物に注目して，その被曝量やそれによる障害（例えば感染）の発生を考える場合と，特定の障害に必ずしも注目せず，被曝量の低減の対策を主として考える（例えばバイオクリーン技術やバイオハザード対策）場合などがある。

ここでは微生物に被曝を受けた場合に，どのような身体的不都合が起きるかについては，被曝の量やその方法に関係し，不都合が起きるのには，被曝した個体側の状況が大きく影響しており，それぞれの状況によって異なるので，ここでは扱わない。どのような量の被曝を受けるか，それをどう評価し，どう防ぐかについて扱う。

いわゆる感染としては，結核など細菌に起因したものや，麻疹・SARSなどのウイルスに起因したもの，消化器を通して感染するものもあり，被曝・侵入のメカニズムが異なっている。また，微生物に起因する不都合としてアレルギーがあるが，生活環境としては，ダニなど生活に起因したものや花粉など自然界に主因があるもの，化学物質の影響の場合もあり，メカニズムと対策が異なっている。

2.2 物への影響

微生物は種々の製品の原料や製造工程として多く用いられているが，ここでは主として不都合な効果「害」を主として扱う。

腐食：木材やプラスチック材料などが微生物によって腐食する。

汚染：建材・仕上げ・什器・衣類などがカビによって汚れる

化学的汚染：細菌・真菌などが発生することによって，成分元素などが混入して，材質的に異常を起こしうる。

食品への汚染：カビや腐敗菌などが混入して，食品の腐敗や劣化などを起こさせる。

2.3 被曝の機構

医学的には，食物・医療機器・人との接触などが大きな契機になるが，施設などを設計・維持管理するという立場から，空気環境を主として考える。

2.3.1 空気経由

空気経由としては，発生，発散，侵入，移動，落下，沈積，吸入，付着などの挙動が関係すると考えられる。

(1) 発　　生

咳やくしゃみ，会話などの生理的行動や，身体

的動作によって皮膚・衣服などに付着した汚染粒子が空中に放散される。行動によって放散される粒子の例として次の**表-2.3.1**があり，生理的行為によって放散される量のデータとして**表-2.3.2**がある。

室内における浮遊細菌濃度は，ある面積範囲を考えれば在室者の数に比例するようである。

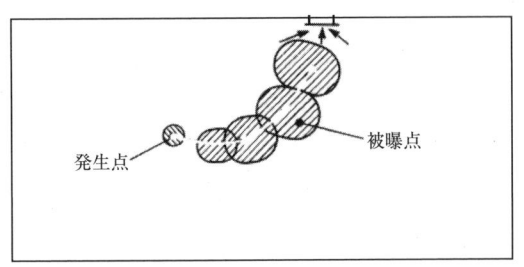

図-2.3.1　室内における行動

(2) 拡散移動

空中に放出された微生物粒子あるいは微生物を含んだ液滴などは，室内の一般気流などに乗って移動し，その途中で液滴は蒸発してその中に含まれていた微生物やその他の溶解物が核として浮遊する。液滴が10μm以上と比較的大きいときは急速に落下するが，小さいと短時間に蒸発して，微小なエアロゾルとなり，長時間空中に浮遊し，空気とともに移動する。

咳やくしゃみなどによって放出される液滴は比較的大きく，多くは1m程度で落下するといわれてきた。咳の一部は微小な粒子となり，エアロゾルとして空気とともに移動する。咳の粒子はかなりの初速を持つ粒子として放出されるが，計算上は空気抵抗によりかなり短い距離で初速を失い，

表-2.3.1　微生物粒子発生の測定例[1]

実験者	実験条件	発生量(cfu/min/人)	備考
曽田・小林ほか[*1]	診察室	3 900(平均)	インピンジャ使用
	病室（個室）	240(平均)	
小林・吉澤・大橋ほか[*2]	防音教室	夏 241(1 250 - 20) 冬 441(720 - 200)	スリットサンプラ使用
大橋[*3]	地下街	夏 9 000 - 13 000(平均) 冬 1 000 - 5 000(平均)	ピンホールサンプラ使用
吉澤・内山ほか[*4]	病院外来	冬 1 000 - 5 000	ピンホールサンプラ使用
正田・吉澤ほか[*5]	チャンバー 内浮遊濃度	静止　 10 - 200 歩行　600 - 1 700 早足　900 - 2 500	ピンホールサンプラ使用

[*1]　小林陽太郎ほか：日本建築学会関東支部第38回梗概集, pp.105-108, 1976
[*2]　本田えりほか：日本建築学会大会学術講演会梗概集, pp.33-34, 1970
[*3]　本田えり：室内空気の細菌汚染に関する環境工学的研究（大阪地下街環境における空中細菌）空気調和・衛生工学, 47(12), pp.1-11, 1973.12
[*4]　吉澤晋ほか：病院の空気浄化設計に関する研究（一測定例を中心として），空気調和・衛生工学 47(6) pp.17-30, 1973
[*5]　正田浩三ほか：日本建築学会大会学術講演会梗概集, pp.277-278, 1977

表-2.3.2　活動による微生物粒子発生量提案値[*2]

提　案	唾液1mL中の菌数				
	30 000 000	1 000 000	30 000	1 000	放出時の大きさが100μm以下で直ちに蒸発気化し，浮遊するものに限る
くしゃみ1回	62 000	4 600	150	5	
咳1回	710	64	2	0	
1から100を数える	36	3	0	0	

*　Duguid,J.P.：J.Hyg. Camb., 44, 471, 1946

落下することになる。そのような行動をとるものも多いが，実際は気団に乗って移動するので，意外に長く，数メートル先にも到達する場合がある。

また，体温による上昇気流があるので，かなりの距離まで移動すると考えられる。

室内で発生した汚染物質は，居住空間ではほとんど混合が行われずに吸い込み口に向けて流れるので，発生源の下流では平均濃度に比して1～2オーダー高い値が出現する可能性がある。これは発生源と被曝点との相対的位置関係によるが，さらに高いものとなる可能性がある。したがって，平均値による予測は目安で，危険側となる可能性がある。もちろん位置によっては平均値よりきわめて低い値となることもありうる。

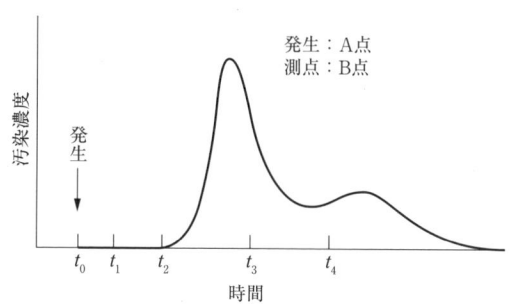

図-2.3.2　ある点における濃度変化

（3）落下による汚染

いわゆる落下菌法という測定法は，ある場所の微生物汚染を計測するものとして，歴史的に最も古くから用いられたものであるが，この方法ほど毀誉褒貶の著しいものはないと思われる。

落下法は，ある場所の落下による汚染の量を計測するもので，落下汚染量の測定値としては，いわば絶対測定に当たるものである。しかしこの値を空中菌濃度の評価に簡単な係数を乗じて行おうとしたり，異なる空間における空中菌濃度の比較を単純に行おうとするところに問題を生じている。

落下する汚染粒子は，床面に沈積して在室者の手足などに付着してさらに他の物質表面を汚染させたり，振動・衝撃などによって再発塵によって空中に飛散する。また，製品表面に沈積付着して増殖したり，微生物体自体の材質が汚染の原因となったりする。

室内に放散あるいは流入した粒子は，きわめて短時間に一定の速度（落下速度）で沈降し，物体などの表面に沈積する。その速度は粒子の質量（大きさと密度）に関係し，水滴であれば概略的には次式で表現される（式(2.3.1)）。

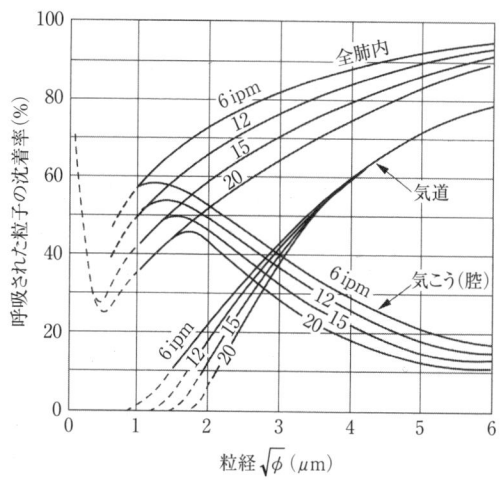

図-2.3.3　吸入された粒子の沈着（Hatch 他[3]）

$$V_t = 0.003 \cdot d^2 \tag{2.3.1}$$

V_t：落下速度（cm/s）

d：粒子直径（μm）

密度が1（水滴）であるとすると，粒子直径に対する落下速度は**表-2.3.2**に示すものとなると考えられる。

ある時間内における落下量は室内濃度に比例するが，粒子の落下速度（大きさと密度），滞留時間，天井高によって影響されることがわかっている。

このような要素を考慮に入れれば，落下菌量は空中の濃度の予測に利用することが可能であると考えられる。

（4）吸入粒子

運動状態によって異なるが，人は呼吸によって

毎時500L程度の空気を吸入するので，それらの中に含まれる菌粒子が被曝量となる。しかしながら，吸入された粒子はその大きさ（空気動力学径）によって到達する位置が異なると考えられており，排出機構がない肺胞近くなどに沈着する1μm前後の粒子が問題とされている。

しかしながら，この考え方は，遊離珪酸や炭塵などを排出機構のない部分まで吸入して珪肺を発生させるメカニズムを主要な課題とされたものに起因するもので，鼻や気管などに沈着するような比較的大型の粒子であっても，感染という意味や，気管などに炎症のような損傷がある場合の直接的侵入という意味から，より重要視する必要があると思われる。

2.3.2 物体経由

浮遊した粒子が落下して，物体の表面や床面に沈着すると，それが新しい汚染源となる。何らかの衝撃によって空中に再飛散したり，この汚染物質が口を経由してあるいは皮膚を経由して体内に取り入れられ，感染を起こしたり，アレルギー症状を起こしたりする。

また，これらの沈積した微生物粒子やその他の有機物はダニの食料となり，ダニアレルゲンによる人への悪影響のもととなりうる。

製品などの上に落下した微生物粒子は，その劣化や汚染の原因となるので，技術的にも注意して防止せねばならない。可能性のある汚染源が人であるとすると，近傍の人体からの放出落下により汚染が起こりうるので，工程装置の改善や，人からの発生放散の防止を図る必要がある。また，窓その他の開口部からの流入であれば，流入を防止するように室圧の制御や気密化を図る必要がある。

床に沈積した汚染物質の除去は，床材によっては困難な場合が多い。カーペットを真空掃除機によって清掃する場合には60〜80％しか除去できないという報告がある。洗浄すれば完全に除去できる。

床面などに沈積した微生物粒子は，歩行などの人の活動によって再度空中に舞い上がり浮遊粒子として被曝を起こす。舞い上がり方は床面の性質によってきわめて大きく影響を受け，カーペットは粒子を捕捉してしまうので，板張りに比して5〜6分の1程度であるといわれる。ただし，この場合は，飛散する粒子は比較的大きく，5から10μm以下で短時間で落下するものが多いようである。したがって，影響する範囲も比較的狭く，また時間的にも比較的短いと思われる。しかしながら，舞い上がって落下するような粒子の空気動力学的性質は今後の研究課題である。

表-2.3.3 水滴の直径と落下速度計算値

D_p	V_t	D_p	(cm/s)	D_p	(cm/s)	D_p	(cm/s)
1	0.003	11	0.363	21	1.323	31	2.883
2	0.012	12	0.432	22	1.452	32	3.072
3	0.027	13	0.507	23	1.587	33	3.267
4	0.048	14	0.588	24	1.728	34	3.468
5	0.075	15	0.675	25	1.875	35	3.675
6	0.108	16	0.768	26	2.028	36	3.888
7	0.147	17	0.867	27	2.187	37	4.107
8	0.192	18	0.972	28	2.352	38	4.332
9	0.243	19	1.083	29	2.523	39	4.563
10	0.300	20	1.200	30	2.700	40	4.800

◎引用文献

1) 正田, 吉澤, 菅原, 川上：人体からの浮遊微生物発生量。昭和 51 年建築学会関東支部研究報告, 45/48, 1976
2) Duguid, J.P.：J.Hyg.Camb., 44, p.471, 1946
3) T.Hatch, P.Gross：建築設計資料集成, Pulmonary Deposition of Inhaled Aerosols., p.65, Academic Press, 1964

3

本書と「微生物による室内空気汚染に関する設計・維持管理規準・同解説（日本建築学会環境基準 AIJES-A002-2005）」の関係

3.1 日本建築学会環境基準（AIJES-A002-2005）

表-3.1.1 に，日本建築学会環境基準「微生物による室内空気汚染に関する設計・維持管理規準・同解説」[1]の一部を示すが，数値を使用する際には文献の全体像すなわち数値決定にいたった背景と適用条件を把握しておくことが望ましい。また，この分野の研究進展はめざましく，新知見が得られることで，これらの数値に変更が加えられる可能性があることを承知していただきたい。

アカデミックスタンダードである本規準は，微生物の人体影響等の学術的成果に基づく理想の目標値（環境六法で示す1級に相当）であるべきものである。しかし，ここで取り上げた微生物濃度の最低規準値は許容最低限度（同法3級）に該当するといえる。そして，吉澤の提案[2]による，(a) 実際に存在する環境の性能値を整理して，良好なものからそうでないものを分類したもの，(b) 専門家が十分な経験に基づいて示したもの，(c) 行政官などが種々の条件を考慮して決定したもの，に対応している。

また，これらの数値は以下の前提に基づいている。

① 住宅，病院，事務所，医薬品工場，化粧品工場，食品工場あるいは飲食店内の汚染濃度について，既往の文献の測定値，および各種基準値等を参考にして，濃度の最低規準値を室内の浮遊微生物濃度として示している。

② 関連する条件が複雑であるので，これらの基準値が守られれば，すべての微生物汚染による影響から免れるというものではない。

③ 対象とする分野によって微生物汚染に対するニーズと強度が異なるので，実際への応用に当たっては条件についての検討が必要である。

④ 住宅については，浮遊細菌の発生量等を紹介するにとどめる。住宅の規模，工法，住まい方が千差万別であるために数値の時間的・位置的変動・ばらつきが大きく，現状ではこれらのデータからは設計および維持管理規準濃度を決めることは困難であるためである。

しかし，文献中に示す実測した参照値は設計者および維持管理技術者にとって有用と考える。

⑤ 室内における不均一分布の問題があり，位置的な違いが大きい可能性があるので，今後の問題として発生源との位置関係に留意する必要がある。

したがって，本規準値の運用に当たっては，②,③に記載するように，菌種とその量，曝露条件や身体条件により個体への影響に差が生じる可能性も考慮する必要がある。

また，「住宅」以外の学校，病院，事務所，食品工場，化粧品工場，医薬品工場6施設に関する「室内微生物汚染に関する設計・維持管理規準値」は，建築物の企画，設計，施工，維持管理を実施するうえでの「許容値」に相当する。

そして，学校，病院，事務所の3施設は一般環境とし，微生物を真菌と細菌に分離して規準値を

表-3.1.1 AIJES規準(「微生物による室内空気汚染に関する設計・維持管理規準・同解説」より抜粋)

対象建物		設計規準濃度(細菌)		設計規準濃度(真菌)		設計規準濃度(微生物)		備考
住宅(戸建・共同)		規模,工法,使われ方等で既存データにばらつきが見られ規準値の策定が困難のため,備考欄の資料等を基にした設計・維持管理技術者の選択・予測計算に任せることとした。						浮遊細菌の発生量 静止:115 活動:2000cfu/(人・分) 外気真菌落下量春:11.5, 冬:43.3 (cfu/(5分・皿))
学校[*2]		浮遊(cfu/L)	10以下	浮遊(cfu/L)	2以下			維持管理規準としても使用
		落下(cfu/ (5分・皿))	10以下	落下(cfu/ (5分・皿))	10以下			
病院[*1]	待合室					浮遊(cfu/L)	0.2以下	維持管理規準として0.5cfu/L以下
	一般診療室					浮遊(cfu/L)	0.2以下	維持管理規準として0.5cfu/L以下
	NICU ICU 特殊治療					浮遊(cfu/L)	0.2以下	維持管理規準として0.2cfu/L以下
	バイオクリーン手術室					浮遊(cfu/L)	0.01以下	維持管理規準として0.01cfu/L以下
	一般手術室					浮遊(cfu/L)	0.2以下	維持管理規準として0.2cfu/L以下
	一般病室					浮遊(cfu/L)	0.2以下	維持管理規準として0.5cfu/L以下
	バイオクリーン病室					浮遊(cfu/L)	0.01以下	維持管理規準として0.01cfu/L以下
	未熟児室					浮遊(cfu/L)	0.2以下	維持管理規準として0.2cfu/L以下
事務所[*1]		浮遊(cfu/L)	0.2以下	浮遊(cfu/L)	0.02以下			維持管理規準として 細菌0.5, 真菌0.05cfu/L以下
						維持管理規準濃度		
食品工場[*1]						浮遊(cfu/L)	0.1以下	4グレード有り,清浄作業区域で表示。 最小空気量は0.2m^3 採取面積は 100cm^{2}以上推奨
						落下(cfu/ (5分・皿))	30以下	
						付着 (cfu/25cm^2)	30以下	
化粧品工場[*1]						浮遊(cfu/L)	0.1以下	4グレード有り,一例Cで表示 最小空気量0.2m^3
						落下(cfu/ (10分・皿))	20以下	
						付着 (cfu/25cm^2)	25以下	
医薬品工場[*1]						浮遊(cfu/L)	0.1以下	4グレード有り,一例Cで表示 最小空気量0.2m^3
						落下(cfu/ (10分・皿))	20以下	
						付着 (cfu/25cm^2)	25以下	

*1 空調設備有
*2 授業中の教室

定めている。しかし,労働環境に属し,例えば作業中の保菌者や食材を発生源とした"菌"が食品を介し食物として直接的に体内に入る可能性を持つ食品工場では,HACCP(危害分析・重要管理点監視方式・総合衛生管理製造工程)に基づく殺菌工程の導入を,真菌と細菌を総合した"微生物"に対する汚染防止対策として掲げ,かつ微生物の動態として浮遊,落下,付着すべてについて規準値を提案している。化粧品工場,医薬品工場についても同様である。

3.2 本マニュアルの基本理念

本書は,日本建築学会環境基準(AIJES)の作成に準じるものであり,「日本建築学会環境基準制

定の趣旨と基本方針」11項目[3]を遵守することになる。そこには，次の5項目が含まれている。

① この規準は，建築と都市の環境に関する学術的な判断基準を示すとともに，関連する法的基準の先導的な役割を担うことにある。

② AIJESは，「基準(standard)」，「規準(code of practice)」，「仕様書(specification)」，「指針(recommendation)」のような形で規定されるものとする。

③ その内容は，建築行為の企画，設計時，建設時，完成時，運用時の各段階で適用されるものであり，性能値，計算法，施工法，検査法，試験法，測定法，評価法などに関する規準を含むものとする。

④ AIJESは，環境水準として，最低水準(許容値)，推奨水準(推奨値)，目標水準(目標値)などを考慮するものとする。

⑤ AIJESは，原則として，各種法令や公的な諸規定に適合するものとする。

そこで本書は，全体として学術委員会での規準類の分類定義(1998.12)に基づき，特定分野の専門家に限らず，一般技術者の理解できる内容に取りまとめた啓発書(state of arts)の役割も担うことを心掛けた。

◎引用文献

1) 日本建築学会：微生物による室内空気汚染に関する設計・維持管理規準・同解説(日本建築学会環境基準 AIJES-A002-2005)，4章 設計および維持管理規準濃度の提案について，pp.9-10，2005

2) 日本建築学会：微生物による室内空気汚染に関する設計・維持管理規準・同解説(日本建築学会環境基準 AIJES-A002-2005)，2章 本規準の基本的考え方，p.2，2005

3) 日本建築学会：微生物による室内空気汚染に関する設計・維持管理規準・同解説(日本建築学会環境基準 AIJES-A002-2005)，基準制定の趣旨と基本方針，2005

4 環境条件と微生物

4.1 生物界における微生物の位置

 生活環境の微生物制御では人・ペット・植物と微生物との違いを理解することが重要である。生物の細胞は原核細胞と真核細胞に大別される。原核細胞の微生物はマイコプラズマ・クラミジア・リケッチア・細菌・藍藻類である。真核細胞は遺伝子が核膜で保護された核とそのほかに葉緑素・ミトコンドリア等が細胞内に存在する。この種の微生物は真菌(酵母・カビ)・藻類・原生動物で、植物・動物・人の細胞も真核細胞である。

4.1.1 生命活動が可能な環境

 生物はその種にとって適した栄養素・水分・温度・酸素と水素イオン濃度(pH)がある。環境はこれらの条件がさまざまな状態で形成されている。したがって、場所が異なっても環境条件が似ていると棲息する生物も似てくる。微生物の場合も同様である。

4.1.2 生態系と微生物の役割

 微生物は動植物の遺体や排泄物を栄養としてエネルギーを得て、水と無機物質に分解する。増殖した微生物はプランクトンや小動物に捕食されて、食物連鎖の始まりを形成している。その場所は土壌と水圏である。したがって、これらの環境で増殖している微生物は微生物相互間での競争が激しく、毒性物質を産生する微生物も少なくない。このような競争環境から逃れるため、一部の微生物は生きている動植物に寄生して病原微生物や寄生・共生微生物に進化していった種もある。水圏・土壌圏・宿主生物で増殖した微生物は水や粉塵とともに拡散する。拡散経路は細菌や酵母の場合には水系、カビの場合には胞子が大気に浮遊する場合が多い。寄生性の微生物は宿主の移動が大きく影響する。

4.1.3 室内環境に生息する微生物

 室内環境は人が快適に生活できる条件になっているために微生物にとっても適した温湿度の環境条件が成立している。内装材の材質は金属・ガラス・陶磁器・石材など無機物、高分子樹脂など合成有機物、紙・布・木材など植物や動物の皮革など天然有機物がその構成材料である。そのため、原材料に関連した微生物が存在している。また、室内は人が利用しているため、人の体表面や消化管、呼吸器系に由来する微生物がいる。一方、室内への侵入微生物としては、大気・水・土壌に由来する微生物、ペット・観葉植物などや衛生昆虫などに由来する微生物がある。また、食品の残渣や人由来の排泄物は室内微生物の重要な栄養源になり、微生物の発生源になっている。

4.2 成長に関する物理的条件 [1]

4.2.1 温度

 微生物はその種によって増殖率が最大になる温度を至適温度という。また、増殖が起こらなくな

る温度の低温度限界を最低温度，逆に高温限界を最高温度という。一般に至適温度は最高温度に近い。至適温度によって好冷菌（至適温度15℃以下，最低温度0℃以下〜最高温度20℃未満），低温耐性菌（至適温度20〜40℃，最低温度0℃）中温菌（至適温度20〜40℃，最低温度10℃，最高温度45℃），好熱菌（至適温度45〜80℃），超好熱菌（至適温度＞80℃）に大別される。大腸菌は中温菌の代表で至適温度は39℃，最低温度は8℃，最高温度は48℃である。家庭用の冷蔵庫は5〜7℃で好冷菌や低温耐性菌，湯沸かし器の水温は55〜80℃程度であるため高熱菌が増殖する可能性が考えられる。

4.2.2　湿　　度

微生物には浴室や排水口に増殖しているピンク色の赤色酵母（*Rhodotorura* sp.）のように至適湿度の高い微生物（好湿性菌）がある一方で，空中菌として良く検出されるカビ *Paecilomyces*（耐乾性菌）や畳などに緑色の胞子をつくるコウジカビ（*Aspergillus restrictus*）など乾燥した環境を好む種（好乾性菌）もある。微生物の生命活動に影響を与える水分は栄養素の水分活性（a_w）で決定する。空気中の相対湿度は栄養素の水分活性に影響を与える。水分活性は純水の蒸気圧を1.00とした場合の溶液の蒸気圧の比率である。溶液における溶質の割合が増加すると蒸気圧は減少する。人の血液の水分活性はa_w 0.995，海水 a_w 0.980，パン a_w 0.950，メープルシロップ・ハム a_w 0.900，ジャム a_w 0.800，穀類 a_w 0.700である。塩分が多い環境で生育できる菌類を好塩菌と呼び，このような状態で休眠する種を耐塩性という。一方，糖類などが多い環境で生育できる場合は好浸透圧親和性（高稠性）菌と呼ぶ。レンズなどガラス製品や電子機器など工業製品のように極度に乾燥した環境で増殖できる場合は好乾性（絶対好稠性）菌という。

一般的に，水分活性が a_w 0.950以下では細菌，a_w 0.800以下ではカビの増殖は困難である。

建築材料に関する水分活性にあっては，梅雨時のように空気の湿度が増して，水分活性が微生物の生育条件に達した場合に微生物の増殖条件が満足される。散水や結露が生じる場合は，畳や木材のような多孔質材料は水分を吸水して，放散する水分によって周辺の湿度を微生物の生育可能な水分活性に到達させたときに微生物の増殖条件が整う。したがって，室内を除湿した空気で通気することによって水分活性を低下させて微生物の増殖を制御することができる[2]。

4.2.3　酸　　素

微生物の酸素に対する適応性で，酸素の利用度によって好気性菌と嫌気性菌に大別される。好気性菌は偏性好気性菌・通性好気性菌・微好気性菌に分類される。嫌気性菌は酸素耐性嫌気性菌・偏性嫌気性菌に分類されている。好気性菌は空気の通気によって増殖し，嫌気性菌は酸素の毒性によって死滅する傾向にある。通性嫌気性菌としては大腸菌，酸素耐性嫌気性菌としては漬物や醗酵乳製品の乳酸菌である連鎖球菌，偏性嫌気性菌としては破傷風菌やボツリヌス食中毒の *Clostridium* 属が知られている。

4.2.4　水素イオン濃度（pH）

自然環境中の水素イオン濃度はおよそpH5〜9である。微生物でも多くの種がこの範囲にあり至適水素イオン濃度はpH6〜8である。pH5以下の水素イオン濃度で生育できる菌類を好酸性菌，pH9以上は好塩基性菌といわれている。

4.2.5　カビ指数について[3]

住居内などでカビに汚染されている場所，カビの発育に関する局所空間の温湿度環境を明らかにすることを目的にしている。方法はガス透過性透明フィルムにカビ胞子懸濁液を3.5μL滴下乾燥後同フィルムで胞子塗装面を覆ったカビセンサーを調査場所に設置して，一定時間環境曝露後回収して，シリカゲルデシケーターに保存した。カビセンサーは顕微鏡で観察して，発芽した胞子の菌糸

5本を無作為に選び，その長さを測定して，菌糸長が100μm以上の場合は第2〜4位の菌糸長の平均値を記録した。

カビセンサーには3種類のセンサー菌を用いている。基準センサー菌として*Eurotium herbariorum* J-183と好湿性センサー菌として*Alternaria alternata* S-78，好乾性センサー菌には*Aspergillus penicilloides* K-712（NBRC8155）を用いて，各標準曲線を求めた。

標準曲線は横軸が菌糸長（μm），縦軸が応答時間である。応答時間とは基準センサーを用いて，基準気候（気温25℃，RH93.6％）で培養して菌糸成長曲線を書く際に，各菌糸長に到達する時間を縦軸にとり応答時間を求める。

カビ指数の求め方は調査場所での基準センサーを用いた菌糸長を測定して，基準センサー・基準環境で得られた基準曲線を用いて，調査場所の菌糸長から対応する応答時間を求めて応答とする。この応答の数値を調査場所の測定曝露時間で割ってカビ指数とした。カビ指数が1であればその調査場所の環境は基準環境と同一になり，1より大きくなればカビの生育に良好な環境であることを示している。

カビ指数は微生物生育の環境を定量的に評価するために用いられるものであり，カビ生育の難易を数値的に表すものである。ただし，カビ指数はカビセンサーに使用したセンサー菌の生育特徴を含んでおり，また，指数そのものが規準環境におけるセンサー菌の成長速度で基準化されたため，必ずしもすべての菌種の生育速度を表せるものではない。

4.3 成長に関する化学的条件

4.3.1 微生物増殖の栄養

微生物の細胞は脂質二重膜で構成された細胞膜によって細胞質を包み込んでいる。栄養素は細胞膜を通して取り込んで，各器官や酵素をつくる同化作用とエネルギーを得るための異化作用がある。微生物はエネルギーを得るための方法によって，独立栄養菌と従属栄養菌に大別され，独立栄養菌は光合成による光独立栄養菌と化学合成によって炭酸同化する化学独立栄養による化学合成菌に分けられる。

(1) 炭素源

従属栄養菌の多くは糖類・有機酸・アミノ酸・芳香族化合物である有機化合物を利用する。藻類など光合成する光独立栄養菌は二酸化炭素を炭素源に糖類などを合成して利用する。

(2) 窒素源

有機物も利用するが，自然環境に多いアンモニアや硝酸塩を利用する。窒素固定菌は窒素ガスを取り込みアンモニアに変換してアミノ酸など有機物を合成して利用する。

(3) その他の栄養元素

リン（P），イオウ（S），カリウム（K），マグネシウム（Mg），鉄（Fe），ナトリウム（Na）が知られている。Na以外は生命活動の根幹を成す酵素や細胞膜や細胞壁に重要な役割がある。Naは海水で棲息する微生物の場合重要になる。

4.4 室内環境の管理

室内における微生物管理で重要な点は人の存在と微生物の室内進入と微生物の増殖条件である。一般的に健康な人の場合，病原微生物の存在は少ないが，共生菌として体表面のブドウ球菌（*Staphylococcus*）や腸管内に棲息する腸内細菌科の大腸菌（*Escherichia coli*）などが多数生息している。したがって，体表や糞便からの細菌の室内汚染を管理しなければならない。また，病原微生物による罹患者は身体で病原菌を増殖させて，拡散させる可能性がある。室内への微生物の侵入では，大気・水・粉塵や昆虫・動物・植物に随伴して室内に侵入する。また，人が生活しやすい室内環境は微生物にとっても適度な温湿度を維持してお

り，微生物の増殖に必要な化学的条件である食物滓や人体からの汚垢を除去しなければならない。

4.4.1 病原微生物

病原性真菌としては患者との接触以外に浴槽やシャワー室，タオルやシーツが感染経路となる皮膚真菌症と空気感染などで肺が傷害される深在性真菌症がある。皮膚真菌症としては白癬(*Trichophyton*)，カンジダ症，黒癬，材木表面や土壌から感染するスポロトリコーシス(*Sporothrix schenckii*)，黒色真菌感染症，菌腫，皮膚クリプトコックス症，皮膚アスペルギルス症，角膜真菌症が知られている。深在性真菌症はアスペルギルス症(*Aspergillus fumigatus, A.niger, A.terreus, A.flavus*)，カンジダ症(*Candida albicans, C.tropicalis*)，クリプトコックス症(*Cryptococcus neoformans*)，ノカルジア症(放線菌 *Actinomyces israelii, Nocardia asteroids, N.caviae, N.brasiliensis*)，ムーコル症(*Mucor, Rhizopus, Absidia.*)，ゲオトリクム症(*Geotrichum*)が知られている。

カビやカビを食べて増殖するダニ類の表皮や糞はアレルギーの原因としても知られている。

(1) 空気管理との関連

室内空気の微生物管理では，室内空気を外気で換気したとき外気由来の微生物が室内に侵入する。この他にも室内に入る人や室内に運び込まれる物資に付着して微生物は侵入する。免疫機能の低下した患者の個室病室に天井からつるしたカーテン内にHEPAフィルタとファンユニットを設置して感染防止無菌ユニットの性能と効果を検討している[4]。0.5μm以上の浮遊粉塵では病室が3 000個/cf³検出でもユニット内は数個/cf³，5μm以上の浮遊粉塵は0個/cf³であった。空中菌のフィルタによる除去は空中落下微生物も減少させ，その結果として床などの付着菌の減少にも効果がある。空中微生物は粒径が小さいため無風でも1.8cm落下するのに5分要するといわれている。したがって，気流を制御することによって空中菌の系外への排除も可能である。

一般病棟におけるシーツ交換時の病床の環境の調査では作業5分前からシーツ付着菌，粒径別空中浮遊粉塵数と浮遊細菌数の測定をした結果，粒径5μm以上の粉塵数と浮遊細菌数の増加が観察されている。また，シーツ上の付着菌で検出頻度の高いグラム陽性球菌が交換時に空中浮遊菌の優先種であった[5]。

(2) 清掃との関連

室内清掃は床などに付着した微生物や粉塵を吸引やふき取りによって除去できる。とくに土壌は微生物に必要な栄養素や水分を含んでいるためたくさんの微生物が生息している。被服由来の粉塵は人に寄生している微生物が付着している。飲食物は微生物にとって優れた栄養素と水分を提供している。また，人やペットの排泄物はそれ自身が腸内細菌を含有しているし，食中毒や感染症に罹患している場合には腸管内で増殖した病原菌を大量に含んでいる。室内に置かれた植栽もその土壌や植物には非常に多くの微生物が生息している。

浴室における真菌の生育速度ではタイル目地を41℃の水，80％エタノール，塩素系漂白剤，界面活性剤で掃除後，掃除前の菌数と掃除直後と経過時間ごとの菌数をふき取り法で計測している[6]。その結果，掃除前は634.0cfu/cm²が温水の場合15.4cfu/cm²，エタノールでは7.3cfu/cm²，塩素系漂白剤で5.6cfu/cm²，界面活性剤で13.7cfu/cm²になった。その後の菌数の変化は30日後の温水で53.6cfu/cm²，エタノールで16.0cfu/cm²，塩素系漂白剤で7.9cfu/cm²，界面活性剤で28.7cfu/cm²と掃除の効果は1ヶ月程度あった。しかし，就寝中に放出される汗が含まれた寝具などや畳・床の水拭きによる清掃は床面などの水分活性を高め微生物に増殖の機会を与える。

殺菌・消毒薬の効力評価については欧州標準試験法が人・動物および環境を保護することとヨーロッパにおける殺菌・消毒製品規格の調和の観点から1998年に指針が出された[7]。また，米国では殺菌剤・消毒剤のFDA承認やEPA登録のためにAOAC法として，液体化学滅菌剤・高度消毒剤

の市販届出の報告がある[8]。

(3) 飛散と増殖

微生物は動植物の遺体を分解して，自然界の物質循環に寄与している。さらに，これら微生物は動植物に対する親和性を拡大して病原性，寄生性，共生性を獲得している場合もある。人の場合，感染力が高く危険な病原菌は「感染症の予防及び感染症の患者に対する医療に関する法律（感染症予防法）」によって2003年11月5日に改定された。これらの微生物は人体で増殖して飛沫や排泄物として環境中に放出される。また，体液が媒介昆虫などによって次の感染経路になっている。

「感染症の予防及び感染症の患者に対する医療に関する法律（感染症予防法）」の類型[9]（＊：サーベイランス対照疾患）
http://idsc.nih.go.jp/iasr/25/287/t28711j.html

1類感染症：診断後ただちに届出，原則入院，消毒廃棄等対物措置，建物も対象，死体の移動禁止

　エボラ出血熱＊，クリミア・コンゴ出血熱＊，重症急性呼吸器症候群（病原体がSARSコロナウイルス）＊，痘瘡＊ペスト＊，マールブルグ熱＊，ラッサ熱＊

2類感染症：診断後ただちに届出，状況に応じて入院，消毒廃棄等対物措置，死体の移動禁止

　急性灰白髄炎＊，コレラ＊，細菌性赤痢＊，ジフテリア＊，腸チフス＊，パラチフス＊

3類感染症：診断後ただちに届出，特定職種への就業規制，消毒廃棄等対物措置，死体の移動禁止

　腸管出血性大腸菌感染症＊

新4類感染症：診断後ただちに届出，発生状況の情報収集，分析結果の公開

　A型肝炎，E型肝炎＊，ウエストナイル熱＊，エキノコックス症＊，黄熱＊，オウム病＊，回帰熱＊，Q熱＊，狂犬病＊，高病原性鳥インフルエンザ＊，コクシジオイデス症＊，サル痘，腎症候性出血熱＊，炭疽＊，つつが虫病＊，デング熱＊，ニパウイルス感染症＊，日本紅斑熱＊，日本脳炎＊，発疹チフス＊，ハンタウイルス肺症候群＊，Bウイルス病＊，ブルセラ症＊，ボツリヌス症＊，マラリア，野兎病＊，ライム病＊，リッサウイルス感染症＊，レジオネラ症＊，レプトスピラ症＊

新5類感染症
● 全数把握疾患（診断から7日以内に届出）

　アメーバ赤痢＊，ウイルス性肝炎（A・E型を除く），急性脳炎（ウエストナイル・日本脳炎除く）＊，クリプトスポリジウム症，クロイツフェルト・ヤコブ病＊，劇症型溶血性レンサ球菌感染症＊，後天性免疫不全症候群＊，ジアルジア症，髄膜炎菌性髄膜炎＊，先天性風疹症候群＊，梅毒，破傷風＊，バンコマイシン耐性黄色ブドウ球菌感染症＊，バンコマイシン耐性腸球菌感染症＊

● 定点把握疾患

インフルエンザ定点（週単位で報告），インフルエンザ＊

小児科定点（週単位で報告）

　RSウイルス感染症，咽頭結膜熱＊，A群溶血性レンサ球菌咽頭症＊，感染性胃腸炎＊，水痘，手足口病＊，伝染性紅斑，突発性発疹，百日咳＊，風疹，ヘルパンギーナ＊，麻疹＊，流行性耳下腺炎＊

眼科定点（週単位で報告）

　急性出血性結膜炎＊，流行性角結膜炎＊

性感染症定点（月単位で報告）

　性器クラミジア感染症，性器ヘルペスウイルス感染症，尖圭コンジローマ，淋菌感染症

基幹定点（週単位で報告）

　クラミジア肺炎，細菌性髄膜炎＊，マイコプラズマ肺炎，成人麻疹＊，無菌性髄膜炎＊

基幹定点（月単位で報告）

　ペニシリン耐性肺炎球菌感染症，メシチリン耐性黄色ブドウ球菌感染症，薬剤耐性緑膿菌感染症

これら病原微生物は大気・土壌・水環境に生息して，生物との間を循環移行している。人に対する感染経路としては，人の血液や体液の直接接触経路のほかに，空気感染としては大気・土壌・水環境中の病原菌が飛沫・粉塵として感染する大気感染経路，食物・飲料水を介した経口感染経路，媒介昆虫による吸血などや傷口からの経皮感染，土壌や水に生息する病原菌の経皮感染経路，家畜などの鳥獣類と人との共通病原菌による人獣共通感染症などが知られている。

a. 空気環境中の病原微生物

空気環境中の病原微生物はウイルス，細菌と真菌に大別できる。大気中の飛沫によるウイルス感染症はインフルエンザ，アデノイド，流行性耳下腺炎，麻疹，風疹，ヘルペス，水痘，帯状疱疹がある。

細菌による飛沫感染としては肺炎球菌（*Streptococcus pneumoniae*），髄膜炎菌（*Neisseria meningitidis*），ジフテリア菌（*Corynebacterium diphtheriae*），インフルエンザ菌（*Haemophilus influenzae*），百日咳菌（*Bordetella pertussis*）がある。これら飛沫感染によるウイルスや細菌の外界における抵抗力は弱いので近距離での飛沫感染は成立するが病原菌は死滅しやすい。しかし，ジフテリア菌や結核菌（*Mycobacterium tuberculosis*）は抵抗性が強く塵埃感染になる。黄色ブドウ球菌（*Staphylococcus aureus*）とその薬剤耐性菌であるMRSAは皮膚，鼻腔や咽喉に増殖しているため飛沫として排出されやすい。空気浮遊粉塵からも検出され，感染力も数週間維持される。連鎖球菌（*Streptococcus*）も皮膚や気道粘膜に増殖するため飛沫として排出されやすいが病原性菌種は環境に対する抵抗性が弱い。抵抗力が低下した場合に感染力を持つ日和見感染菌として，薬剤抵抗性の緑膿菌も問題になっている。在郷軍人病（老人性肺炎，*Legionella pneumophila*）は冷却水やエアロゾルや塵埃が空気感染経路になっている。

b. 土壌環境中の病原微生物

土壌環境中の病原微生物でも乾燥・高温・紫外線・毒性物質などに抵抗性の芽胞を形成する細菌として枯草菌（*Bacillus*属）や*Clostridium*属菌があり，塵埃の中で長期間生存できるため大気の空中菌として検出される。セレウス菌（*Bacillus cereus*），ボツリヌス菌（*Clostridium botulinum*）やウェルシュ菌（*Clostridium perfringens*）は食中毒の原因菌として知られている。炭疽菌（*Clostridium anthracis*），破傷風菌（*Clostridium tetani*），ガス壊疽（*Clostridium novyi, C.septicum, C.histlyticum*）は深い外傷の際に感染して致命的な結果をもたらす。

真菌の場合，病原性は日和見感染でカンジダ症（*Candida albicans*）や真菌による肺炎（*Aspergillus fumigatus*），鳥類糞便の粉塵中の*Cryptococcus sp.*も感染しやすい。また，コウジカビ（*Aspergillus*属），アオカビ（*Penicillium*属），アカカビ（*Fusarium*属）は穀類に寄生して人畜に毒性を示すマイコトキシンを産生することで知られている。とくに*Aspergillus flavus*は人間生活で発ガンリスクが最も高いといわれるアフラトキシンB_1を生産する。さらに，ダニはカビを摂取して生育して産卵したり，胞子を他の場所に移動接種する。

（4）成　長

微生物の成長は細胞数の増加として定義される。

a. 細　菌

1細胞が2細胞に分裂して成長している。この間隔を世代といい，この時間を世代時間という。細菌の世代時間は早いもので10分程度，多くの細菌は15～30分程度である。細菌には世代の中で増殖していくとき，遅延期（誘導期），対数増殖期，定常期，死亡期（減衰期）があり，遅延期は細胞が生息する場への適応の時期であり，対数増殖期は細胞分裂がもっとも盛んな時期で，定常期は増殖と死滅の平衡期で，死亡期は栄養の減少ないしは排泄物の毒性による死滅が優先されている時期である。

b. 酵　母

2倍体が出芽して細胞分裂する無性生殖と2倍体が減数分裂して子嚢形成して生じた子嚢胞子（1

倍体)が出芽分裂する無性生殖があり，さらに異なった子嚢胞子と接合して2倍体を形成する。

c. カビ

胞子は発芽して単に2分裂して出芽するのではなく，発芽して菌糸が伸長しながら周辺の栄養素を吸収して，他の胞子の菌糸と接合して，その後空気中に分生子柄といわれる菌糸に分生胞子を形成する不完全世代の場合や，減数分裂後子嚢を形成してその中に有性胞子を形成する有性世代がある。世代時間は胞子から胞子が形成するまでの時間であるから多くのカビの世代時間は4日程度である。カビ類では完全世代が知られていない不完全菌類が多く，コウジカビ(*Aspergillus* 属)，アオカビ(*Penicillium* 属)，アカカビ(*Fusarium* 属)などはその例である。

(5) 移動

微生物の移動は自力で移動する場合や水や空気の流れを利用する場合，他の生物に付着して移動する場合などがある。

a. 細 菌

細胞に周毛や鞭毛がありその運動で移動する。移動方向は化学物質に応答した走化性，光に応答した走光性が知られている。走化性は栄養誘引物質の存在や毒性物質に対する逆走光性，走光性は光合成細菌や藻類にみられる。

b. カビ

胞子が水流や気流で移動する。*Fusarium* 属の胞子はブーメラン状の形態で気流の影響を受けやすく大気の流れで広く分布しやすい。*Aspergillus* 属，*Penicillium* 属の分生胞子も周毛が空気や水に浮遊しやすくなっている。

(6) 建築物における微生物の分布と特徴

a. 細 菌

細菌の多くはタンパク質を栄養源として成長するため，住空間における細菌の分布は人や動物の体や脱落した皮膚や汗，尿，糞便など排泄物が存在する場での分布が多い。細菌は *Bacillus* 属などのように芽胞を形成できれば乾燥に耐えられるが，多くの細菌は乾燥に弱いため，水分の多い場所に分布する。細菌は粘性物質を出して乾燥に耐えるだけでなく，排水など富栄養化水があれば金属やタイルにも定着する。したがって，住宅の排水溝や浴室，台所などは細菌の分布が多い。

b. カビ

多くのカビは植物性成分を栄養源として成長するため，住空間におけるカビの分布は木材，畳，綿，紙類での頻度が多い。植物性成分が塵埃となり窓辺などに堆積して水分を含むと塵埃中の胞子が発芽して建築材料を劣化させる。カビの胞子は乾燥などに対する環境抵抗性が強く，水分の供給で発芽でき，細菌に比べて有機物質として植物繊維のヘミセルロース・セルロースの存在で増殖できる。木材も畳も綿も生育している植物を刈り取り乾燥しているため，生物が生育するための栄養素がすべて含まれている。さらに植物はデンプンやセルロース類を蓄積している。これらの建築材料に空気中の湿気などが水分活性 a_w 0.70 以上になるとカビの発芽繁殖ができるようになる。したがって，木材，畳，綿は水分を含ませないように工夫することが重要である。セルロースは重要な構造であるため，カビによってセルロースが分解されると構造が劣化してしまう。増殖したカビはダニの栄養となりアレルギーの原因となる。またダニはカビの胞子を運び被害を拡大する。

4.5 微生物制御

微生物はさまざまな環境に生息している。自然環境から生活環境，そして人体の表皮や消化器系にも棲息している。これら微生物を分離して菌株ごとに扱う場合や純粋培養する場合など，他の菌で汚染されないように，すべての微生物を完全に除去したり，死滅させたりすることを「滅菌(sterilization)」という。病原菌微生物を死滅させることは消毒(disinfection)するという。

4.5.1 滅菌法

滅菌は滅菌後微生物が完全に除去されたり死滅しているだけでなく，滅菌したものが微生物や生物に毒性を示さずに培地や食料などに利用できる方法である。したがって，微生物に一時的障害を与える物理的方法やガスなど障害となる物質などが除去されやすい条件が重要である。滅菌方法には高圧蒸気滅菌法，乾熱滅菌法，ろ過法，ガス滅菌法，放射線滅菌法がある。

(1) 乾熱滅菌法

乾燥した高温の空気で滅菌する方法で，通常160℃，1時間，あるいは180℃，20〜30分で処理するため燃焼しやすいものには適用できない。通常，ガラス器具などを滅菌する場合に良く使われる。この方法の1種にガスバーナーなどを用いた火炎滅菌法がある。金属など火炎中で処理しても変形しないものに使われる。

(2) 高圧蒸気滅菌法

オートクレーブを用いて121℃(2気圧)15〜20分湿熱を利用して滅菌する方法で信頼性が高い。微生物取扱い培地や生理食塩水，食品の滅菌などに利用されている。この温度で変形・変質するものには適応できない。

(3) ろ過法

加熱すると変性してしまう医薬品や血清などを無菌にするためにフィルタを通して滅菌する方法である。フィルタには繊維状のシートで構成されるデプスフィルタ，セルロースアセテート，ニトロセルロース，ポリスルフォン酸など張力のあるポリマーでつくられたメンブランフィルタ，薄膜のポリカーボネートを材料に均一な孔の空いたヌクレオポアフィルムが開発されている。ろ過滅菌にはメンブランフィルタが用いられる。

(4) ガス滅菌法

エチレンオキシド(EOG)など残留しにくい毒性ガスを用いてプラスチックやゴムなどでできた医療用器具や精密測定器の滅菌に用いる。エチレンオキシドガスが器具や機器類に残留している間は器具や機器類は利用できない。放射線滅菌法より残留毒性の危険度は高い。

(5) 放射線滅菌法

放射性同位元素コバルト60(^{60}Co)やセシウム137(^{137}Cs)から生じる透過性の強いγ線を利用してすでに包装されているプラスチックや器具・機器類など多様な製品を滅菌できるが，できる処理機関が限られている。

4.5.2 物理的消毒法

物理的消毒法としては煮沸法と紫外線照射法がある。パスツリゼーションは62〜65℃で60分間加熱処理すると微生物やウイルスも滅菌できるが，耐熱性芽胞を形成する微生物は生存するため滅菌法とはならない。同様に254nmの波長の紫外線を微生物に照射すると260nmに最大吸収のある核酸のプリン・ピリミジン環に光化学反応が起き生命に傷害をきたす方法である。しかし，光の影には作用が及ばない。

4.5.3 化学的消毒法
　　　(抗菌剤を用いた消毒法)

消毒とは病原菌を除去することである。化学的消毒剤は多数あり，微生物に対する効果も違う。微生物は各種薬剤に対する抵抗性から5グループ，一般の栄養体細菌，抗酸菌，芽胞形成菌，真菌，ウイルスに分類できる。栄養体細菌は赤痢菌，コレラ菌，レジオネラ菌，黄色ブドウ球菌など芽胞など特殊な抵抗性を持たない細菌である。化学的消毒剤は栄養体細菌には一般に有効である。しかし，抗酸菌の結核菌や芽胞を形成する炭疽菌，枯草菌，あるいは真菌やウイルスなどは栄養細菌に有効な化学的消毒剤が無効である場合が知られている。効果の高い消毒剤は2%グルタルアルデヒドで栄養体細菌，抗酸菌，芽胞，真菌，ウイルスにも有効である[10]。芽胞やウイルスに有効でないが栄養体細菌，抗酸菌，真菌に有効な中程度の消毒剤にはクロラミン，二酸化塩素，ヨードホルム，60〜85%エタノールがある。一般的な栄養体細菌に有効な消毒剤としては両性界

表-4.5.1　建築材料など産業製品に使用される消毒剤[1]

製品	化学物質	対象
冷却塔	塩素	冷却水
石油	水銀・フェノール類	貯蔵
	陽イオン界面活性剤	
金属加工	陽イオン界面活性剤	切断時
紙	有機水銀・フェノール類	スライム
皮革	重金属・フェノール類	腐敗防止
プラスチック	陽イオン界面活性剤	水槽
繊維製品	重金属・フェノール類	屋外使用品
空気清浄器	塩素・フェノール類	冷却水

面活性剤，クロルヘキシジン，逆性石鹸がある。

4.5.4　抗菌剤

微生物学では殺菌剤は細菌を殺す化学物質をいい，抗菌剤は微生物を殺すか，増殖を阻止する化学物質のことをいう。したがって，抗菌は微生物を殺すか増殖を阻止することをいう。ここで取り扱う「抗菌」は2000年度にJIS Z 2801において抗菌加工製品に関するガイドラインで示された抗菌をいう。このガイドラインによれば「抗菌加工製品」における「抗菌」の定義は，「当該製品の表面における細菌の増殖を抑制することで，抗菌の副次的効果は抗菌の範囲に含めない」としている[11],[12],[13]。ホルムアルデヒドなど揮発性物質による抗カビ（防カビ）は人体に対する障害から禁止になった。これに代わる抗カビ剤としてはイミダゾール系の有機化合物で柑橘の食品添加物としても認められているチアベンダゾール（TBZ）がある。これまでの「抗菌規格」には繊維製品機能評価協議会，抗菌製品技術協議会，家電製品公正取引協議会，日本住宅設備システム協会などがある。試験法としてはプラスチックなど水分の浸透が少ない材質であれば菌懸濁液を滴下したり膜状に塗布して増殖を観察する滴下法やフィルム密着法，布や繊維製品など水分浸透が多い材質の場合は抗菌試料を菌懸濁液に浸漬して菌濃度を調べるシェークフラスコ法や揮発性成分を含む材質の場合も菌懸濁液に浸漬して菌濃度を調べるハロー法がある。菌株には黄色ブドウ球菌，クレブジェラ，大腸菌，緑膿菌を用いた抗菌試験法である[14],[15]。抗カビ試験にはハロー法が適していて，規定カビ類はコウジカビの *Aspergillus niger*, *Aspergillus flavus*, *Apergillus versicolor*, *Penicillium funiculosum*, *Chaetomium globosum* の5種である[16]。

(1)　抗菌抗カビ剤の種類

抗菌抗カビ剤は重金属による無機系と有機スズや有機化合物による有機系抗菌抗カビ剤がある。ヒノキチオールなど天然物もある。

a. 無機系抗菌抗カビ剤

銀・銅・亜鉛など重金属イオン，酸化チタン・オゾン・過酸化物など活性酸素系，塩素・ヨウ素などハロゲン系やホウ酸などがある。

b. 有機化合物系殺菌抗カビ剤

有機スズ，飽和アルデヒド類，第4アンモニウム塩，スルホン酸誘導体，ニトリル誘導体，イミダゾール誘導体，ベンゾチアゾール誘導体，イソチアゾール誘導体，トリアジン誘導体，フェノール誘導体，クロロフェノール誘導体，キノン誘導体，キノリン誘導体，有機リン酸誘導体など農業用・環境用・化粧品用・食品用・医薬品用・繊維・紙・木材・皮革・プラスチック・塗料・接着剤用殺菌剤が用いられている。

(2)　建築物の抗菌加工

建築物本体の鉄筋などには抗菌塗装による劣化防止。室内装備では抗菌フィルタが空調機器，酸化チタンなど光触媒による便器や洗面，内装材として抗菌壁紙，抗菌フローリング，厨房天井のケイカル板と塗装・タイル・木製床の塗装・塩ビ・ステンレスなどは抗菌加工製品である。

(3)　抗菌製品の安全性評価

VOCで問題となったホルムアルデヒドは木製品の抗カビ成分として使用されてきた。建築材料の微生物劣化抵抗性を確保するためにホルムアルデヒドに代わる抗菌成分も求められてきた。これら抗菌剤の傾向としては揮発性の強いものは減少してきている。一方，抗菌・防カビの目的が建材の劣化防止から室内環境の微生物増殖抑制に変化してきている。抗菌製品から抗菌物質が溶解・離

脱・移染などによって人体に取り込まれる可能性も考えられる。したがって，抗菌製品の安全性確認，抗菌性能の効果，抗菌製品の使用上の注意，抗菌物質添加の表示が明記されることが必要である，同時に抗菌性能の必要性の検討も人間生活全般から考えなければならない。

◎引用文献

1) 室伏きみ子，関啓子監訳，M.T.Madigan, J.M.Martinko, J.Parker：Brock 微生物学，オーム社，2003
2) 斎藤平蔵，大槻虎男：風及び材料の湿気がカビの発育に及ぼす影響について，日本建築学会研究報告 15 号, pp.191-194, 1951
3) 阿部恵子：カビ指数による室内環境評価，防菌防黴 Vol.29, pp.557-566, 2001
4) 谷知剛，西八嗣，戸井田浩，高木三郎，富田弘明，鈴木達夫：感染防止無菌ユニットの性能と効果，防菌防黴，Vol.29, pp.297-304, 2001
5) 毛利王海，遠藤美代子，佐々木美奈子，高橋泰子：一般病棟におけるシーツ交換時の病床の環境，防菌防黴，Vol.29, pp.371-377, 2001
6) 濱田信夫，藤田藤樹夫：浴室における真菌の生育速度—実施調査—，防菌防黴，Vol.29, pp.77-84, 2001
7) 梶原工：欧州の殺菌・消毒薬効力評価試験法について，防菌防黴，Vol.28, pp.327-332, 2000
8) 吉田太郎：殺菌剤・消毒剤に関する AOAC 法，防菌防黴，Vol.28, No.5. pp.349-353, 2000
9) 感染症の予防及び感染症の患者に対する医療に関する法律（感染症予防法）の類型　http://idsc.nih.go.jp/iasr/25/287/t28711j.html
10) Spaulding *et al.*：Manual of Clinical Microbiology 1974
11) 上田重晴，西野敦：抗菌・抗カビの最新技術と DDS の実際，pp.104-114，エヌ・ティー・エス，2005
12) 冨岡敏一：解説製品安全対策と品質確保—抗菌製品の使用技術と開発動向—，防菌防黴，Vol.27, No.10, pp.641-651, 1999
13) 通商産業省生活産業局編：抗菌加工製品ガイドライン 1999
14) 繊維製品の抗菌性試験法・抗菌効果（JIS L 1902）
15) 抗菌加工製品—抗菌試験方法・抗菌効果（JIS Z 2801），日本規格協会，2000
16) 齋藤彰子：カビ抵抗性試験法 付属書1（規定）プラスチック製品の試験（JIS Z 2911）2000，抗菌・抗カビの最新技術と DDS の実際，pp.239-241，エヌ・ティー・エス，2005

5 室内微生物濃度制御の方法

5.1 基本的方法

環境的微生物制御の課題については，工学的な対策についての知識と，微生物学的な知識を備える必要があるが，とくに次の点を考慮に入れる必要がある。

(1) 感染限界

空中濃度あるいは被曝量と感染あるいは発病に定量的関係が与えられていない。

これは感染という現象が菌の種類と状態および人の側の状態との関係で決まるので，とくに個体差が大きく，一般的な関係としては表現できないということと，ある個人の被曝が，環境の条件で複雑な影響を受けており，単純な量として把握できないことによる。

したがって，ある菌についていくら以下ならば安全という限界は一般には得られない。

(2) 菌の濃度

ある特定の菌濃度と一般的に菌濃度を考える場合がある。

建築計画で問題となるのは一般的な菌についての検討を行う場合が多く，感染の可能性を云々するよりは，菌による汚染の可能性を表す量として考える。

建築設計・管理については，ある特定の菌を対象にする場合には，医学系，生物系の専門家の意見と指示による必要がある。

一般的な汚染レベルの判定には，総菌数を用いるのが良いと考えられる。発生源，増殖，影響，測定上の手間，対策の点から一般細菌，一般真菌数として分けて考え，菌の属あるいは種についての判定（同定）は，より厳密な評価が必要な場合に用いるのが普通である。

(3) 汚染レベルの評価

室内の微生物汚染の評価判定方法については，まだ必ずしも確立されてはいないが，それぞれに提案がなされている。例えばISO基準[2]とそれに基づいたJIS化[3]が行われた。

空中菌の濃度と表面汚染が対象とされている。しかし，詳細については今後の研究と経験が望まれている。

(4) 空中浮遊菌・落下菌の挙動

空中浮遊菌や落下菌は，タバコ煙などと違い，発生方法から種類，形状などが大きく異なる。人などから発生した菌を含んだエアロゾルは，幅広い粒径分布を持っており，そのうち数ミクロンの以下の小さい粒子は急激に蒸発して微小な粒子のエアロゾルとなり，一般気流に乗って室内に広がる。大型の粒子は砂塵に近いような挙動をし，重力によって落下すると考えられる。

これらの粒子は，空調などによる室内の一般気流，人によって起こされたパフ状の気流，あるいは体温による上昇気流などによって移動する。人の咳などによって放出された粒子がどの範囲まで到達するかは，在来は大型の液滴の落下挙動に基づいて1m程度といわれていたが，パフによって運ばれると考えると，数メートル先まで到達する可能性がある。

落下菌は，落下による汚染が問題である場合に

は絶対的な汚染の指標となるが，菌粒子の大きさなどにより落下速度が異なるので，換気量（滞留時間），天井高などによる影響があり，汚染粒子の異なる場合や，異なった空間の測定値の直接比較や，落下量から空中菌濃度の予測を行うことは困難である。

　これらについては未だ充分なデータが得られてはいないが，専門的な推測を行う必要があると考えられる。

(5) 室内における被曝量の予測

　室内における被曝量の予測は，不均一分布や時間的変動を考慮すると必ずしも簡単ではないが，方針としてまず一様拡散を前提とした濃度を前提とした予測を行い，必要に応じて不均一分布の修正や，時間的変動の修正を行うことになる。この修正は今後の課題である。

① 室内で発生する汚染が，パフや慣性力で放出されて被曝が起きる場合は，その影響範囲では短時間ではあるが高い被曝を受ける可能性がある。

② 室内で発生する汚染が室内の一般気流に乗って流れる場合は，発生源の下流では平均値の1桁以上の高い濃度の被曝を受ける可能性がある。

③ 人体・衣服などから発生する細菌粒子は比較的大きいので，狭い範囲ではあるが下方に向けて大きい被曝量を与える可能性がある。

④ 人体の周囲にある上昇気流に乗った汚染物質は，気流によって比較的遠方まで到達する可能性がある。

⑤ 室内の微生物粒子濃度は大きく変動するので，モニターした時の濃度サンプリング時間が短いと平均値と大きく異なる場合がある。

5.2 微生物汚染への対策基準について

　微生物汚染についての対策基準としては，本学会のアカデミックスタンダード[1]以外にISO基準[2],[4]に基づいたものなどがあり，このISO基準に基づいたJIS規格の制定が行われた[3],[5]。これらは一般的条項について述べており，実際の設計や運転管理などにはさらに具体的な対応と検討が必要である。

5.3 建築設計の観点から

5.3.1 全般的方針

(1) 汚染制御の目的・対象を明確にし，それぞれの厳密さを定める

　その施設や工程・行為の微生物汚染制御の目的が，ある特定の汚染などを対象としたものか，一般的な微生物学的清浄度の確保なのかなどを明らかにし，その対象となる工程・作業や汚染物質を何にするかを検討する。制御自体も単に目安であるのか，ある特定の汚染を防止することを狙っているのか，さらに，定量的な目標があるのかなどを確かめる。

(2) 汚染の起こる可能性についてのモデル化

　ある操作，あるいはある施設で行われる一連の操作について，汚染の起こる可能性についてモデル化して検討する。できればその定量的可能性を推測する。それらを列挙して重要度を検討する。

(3) 汚染の種類と量を減少させる対策

　起こりうる汚染を調べた上で，それぞれについて発生源，汚染経路，影響要因などを明らかにし，それぞれを減少させるための方策を検討する。

(4) 室の配置，人・物，空気・水などの動線を整理する

　作業の動線と汚染の可能性の検討から，人（作業者），物（製品など），材料，空気，水などの原料などの流れを検討し，汚染の起こりにくいような室の配置を行う。

(5) 室，人，物の汚染レベルをチェックする

　室内環境，人，物は随時汚染を受ける可能性があり，また汚染の発生源となりうるので，適正な

時期に汚染レベル，環境レベルをチェックして対策を講ずる。

(6) 異常時の対応

日常検査で異常な値が得られたとき，あるいは製品に異常な状態が見られたときは，保管されているチェックデータから遡って原因を突き止め，改善を行う体制とする。

(7) 竣工検査

施設の竣工時あるいは大規模改善工事の終了時には，設計どおりの性能が確保されているか否かを確かめ，そのデータをその後の維持管理のときの標準性能として保管・利用する。

(8) 運転管理についての対策

施設の最も重要なことは，運転管理が適正にかつ順調に行えることである。運転管理を行ううえで必要となる諸条件について，できる限り予測するための資料をそろえ，運転側の知見や希望を満たすように図らねばならない。

5.4 建築計画的・環境工学・建築設備的条件から

(1) 汚染の対象を特定の菌とするか，一般的汚染の指標としての総菌数とするかを決める

これは施設の発注者の希望によるものであるが，設計上特定の菌とする場合は，発生量その他の考慮すべき要素に対するデータは，その特定の菌に対応したものであることが必要である。

(2) 使用する汚染のレベルを決める

微生物汚染は，空間的・時間的に著しく変化・変動するものであるから，そのレベルが平均値であるのか，最大値であるのか，瞬間値であるのか等を検討する必要がある。

(3) 外気条件，室内での発生量などの設計値を決める

きわめて大きく変動するので，実測して使用する場合には比較的長時間の平均値を用いる。今後これらのデータを蓄積・共有するのが望ましい。

(4) 平均値から考えた所要浄化能力を定め，対応する機器を求める

所要浄化能力の算定には，原則として発生量，侵入量その他は平均値を用いる。

(5) 特定の位置における汚染と発生源の関係から対策を考える

在室するある個人の被曝を考えるときは，その室内における発生源，被曝点，室内の気流性状などを考慮して，発生量削減・移動・浄化能力の増加などを含めて総合的な対策を図る必要がある。

5.5 維持管理・運転の観点から

(1) ターゲットの基準値を定める

これは施設の発注者が決めることであるが，菌の種類や汚染のレベルなどデータの根拠・条件などについて協議・同意をしておくことが重要である。単純に原則的な値を採用して，技術的に達成できないようなことが起きないように注意する必要がある。

(2) 標準管理規準を定める

施設が順調に運転・稼動するためには，設計・施工から運転管理まで統一したシステムとなっておらねばならない。そのために，標準的管理基準を設け，施設の設計時に前提とされた使用法を守るようにすることが重要である。

(3) 日常管理のための測定法を定める

施設の管理が適正に行われた，あるいは行われていることを確認するためには，環境や製品などの測定評価を行う必要がある。

測定には，正しく校正・調整された機器を統一された適正な方法で使用することが基本である。限られた日常測定で正しく状況を把握するためには，環境・製品などの状況・ばらつきなどをあらかじめ特性測定などによって把握しておき，それに基づいて日常の測定計画をたてるのが望ましい。

(4) 基準値に外れた場合の修正方法を定める

汚染や不十分な品質管理が判明したときの対応

方法は施設によって異なるので，あらかじめマニュアルなどを準備しておかねばならない。

汚染の影響についての検討と判断，汚染の原因と汚染の発生箇所の特定，汚染除去と汚染の防止方法の適用などを行い，それらを記録・周知して以降の汚染再発防止に役立てる。

5.6 居住者・職員の利用法の観点から

(1) 施設についての教育

施設の目的，汚染防止の理由と汚染のメカニズム，施設および機器設備類の機能や性能などについての基礎的な知識を居住者・職員に徹底する。できればマニュアルを作成して教育する機会をつくるのがのぞましい。

(2) 守るべき作業・動作の指針

汚染は一般に視覚的には検知できないので，各操作は統一的なものとして，操作などによる汚染が場所的に限られているようにする。汚染防止のための操作マニュアルを作成して使用できれば，他の職員がどのような操作を行うかがわかるので，汚染防止上きわめて有利である。

(3) 課題・問題を発見したときの対応方法を定める

問題が生じたときはただちにそれを報告し，マニュアルにしたがって生産ラインの停止，除染等の対策を講じられるように，具体的な行動計画をたて，職員に守らせねばならない。

5.7 建築および設備設計・施工上の対策

5.7.1 住　　宅

住宅の微生物に最も影響するのは結露である。結露の現象としては冬に外気が下がって室内の湿

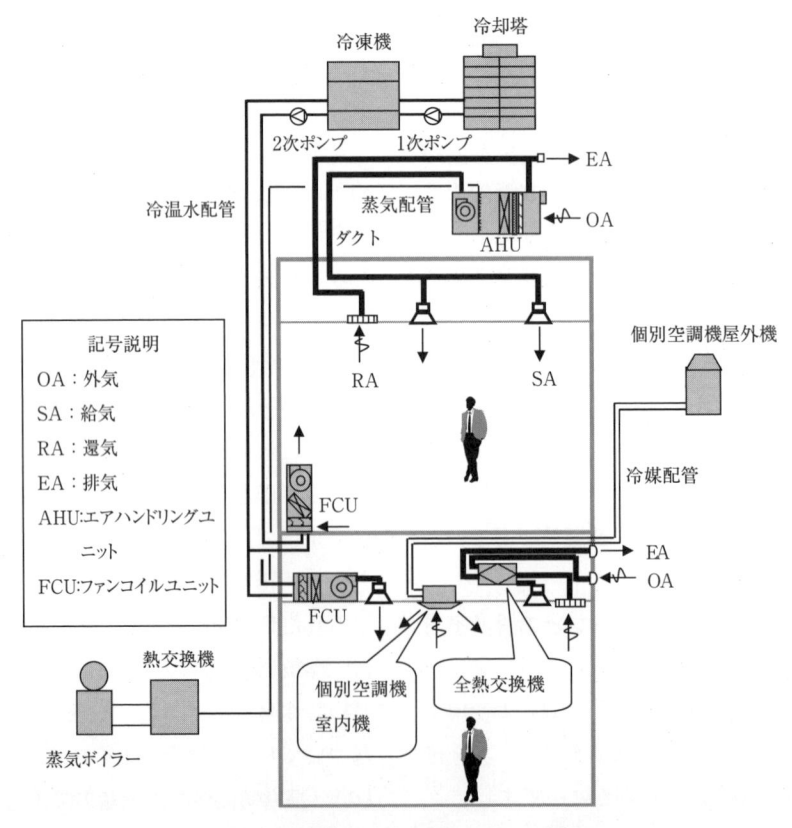

図-5.7.1　事務所ビル空調システム構成例

度が高くなったときに，開口部のガラスの内側に汗をかいたように，水滴がつくことをいう。これは，住宅を建築するとき外壁に断熱材を挿入して外部の冷たい温度が室内に浸透しないようにするなどのためである。結露が生じると室内の湿度が上昇し，微生物の増殖につながる。

つぎに重要なのは室内の換気である。換気には住居全体にわたって行うものと局所換気と2通りあるが住居全体に換気するのは主に機械換気であり局所換気は，浴室，厨房などそこに室内湿気の発生源がある場合発生する箇所の近くに換気扇をつける場合をいう。ことに局所換気は使用方法を誤らないように必要に応じて効率よく使うようにしなければならない。換気は外気にむかって内部の汚れた空気を吐き出すだけでなく吐き出す空気と同量の空気を外気から取り入れないと換気の効果がない。

微生物は，開口部，隙間などから塵埃とともに室内に侵入し，わずかな水分と栄養で増殖する。したがって，室内はできるだけ乾燥させ，清掃をよくすることが大切である。

5.7.2 事　務　所

事務所室内空中微生物汚染は建築設備のうちの空調設備に最も関係しているため，ここでは，空調設備の設計と施工上の微生物汚染対策について述べる。

(1) 事務所ビルの空気調和設備

空気調和設備は外気・還気を調和し，室内温度・湿度・気流・清浄度等の条件を居住者に最も適した環境に保つために設置されるものである。**図-5.7.1**に空調システムの構成例を示す。空調システムは，熱源系（1次側），空調系（2次側），およびそれらをコントロールするための自動制御系等から構成される。以下に，室内空気質に影響を及ぼす空調系の各設備の適正な設計と施工について外気の取り入れ・空気調和関連設備・空気搬送系の順に述べる。

(2) 設計上の対策

a. 外気取り入れの位置

事務所ビルの外気取り入れ量は建築物衛生法によって定められているが，微生物汚染対策の視点から，外気取り入れ口の配置が重要である。

外気取り入れ口は，取り入れ外気の汚染を防止するために，取り入れ口と排気口や冷却塔など他の汚染源との間に十分な距離をとる必要がある。冷却塔と外気取り入れ口が近すぎると，冷却塔内の汚染物質が外気取り入れ口に入り，室内に侵入することがある。1976年にアメリカのフィラデルフィアで発生した在郷軍人病は，冷却塔の水槽に入ったレジオネラ属菌がエアロゾル化して，冷却塔近くの空調機の外気取り入れ口に入り，調和空気とともに室内に侵入したものが原因であった。

一方，近年バイオテロの危惧が高まっている。バイオテロ対策の一つ有効な方法は外気取り入れ口の適正配置と管理である。とくに不特定多数の人が集まる建築物においては，空調の外気取り入れ口は関係者以外の者が近づけないようにする。

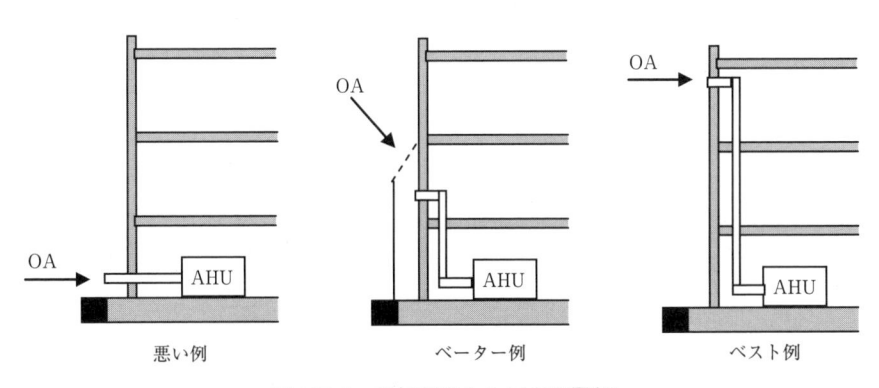

図-5.7.2　外気取り入れ口の設置例

図-5.7.2に外気取り入れ口の設置例を示す[1]。

b. 空気調和機および関連設備の設置

ⅰ) 空調機

空調機は，その周辺に十分な点検スペースを確保し，かつ保守点検が容易に行える場所に設ける。また，点検，清掃等の作業が容易な構造とする。

空調機の日常点検，エアフィルタの交換，空調機周辺にある弁やダンパなどの操作や保守管理業務を容易に行えるよう，空調機の周辺には必要なスペースを確保する。また，加湿装置や排水受け等の設備が，点検，清掃しやすい構造とする。

最近では空調機に排風機，全熱交換器，諸発信器，制御弁，操作盤などを組み込んだシステムエアハンドリングユニットが普及し，その周辺の空間確保はますます重要となっている。

ⅱ) 空気清浄装置

空気清浄装置は浮遊微生物の捕集における役割が大きい。オフィスビルで使用される中性能フィルタでは，浮遊細菌と真菌に対する捕集率が80％以上であると報告されている(図-5.7.3)[2]。

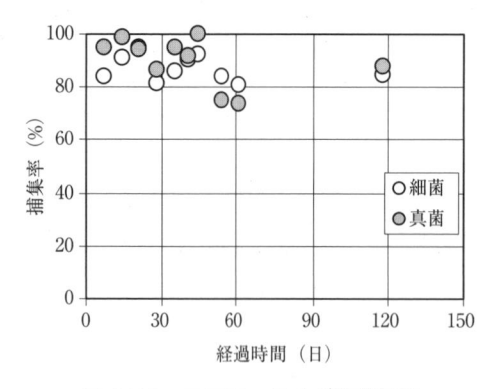

図-5.7.3 エアフィルタの捕集性能

空気清浄装置は，その周辺に十分な点検スペースを確保し，かつ保守点検が容易に行える場所に設ける。空気清浄装置の設置場所は，ろ材の取替，機器の保守点検，清掃などのための必要なスペースを確保する。また，高所に設置されている場合は，足場(ステージ)などを設け作業が容易に

行えるようにする。空気清浄装置は大別して，ユニット型，自動巻取り型，電気集塵機をあげることができる。いずれにしても，集塵部と取り付け枠を含むエアチャンバーとからなり，集塵部は交換が容易で，しかも取り付け枠との間に隙間がなく，空気漏れが少ない構造とする。

一般的には取り外しを容易にすると空気漏れが大きくなってしまうため，気密を大切にするあまり取り外しの困難な構造や取り付けを行うことが多い。点検，補修が容易にでき，しかも気密で適当な大きさの点検口と，フィルタ交換のための空間を設ける。

ⅲ) 差圧計

エアフィルタの目詰まり状況を監視できるように差圧計または静圧測定孔を設ける。

エアフィルタに捕集された粒子量がその保持できる粒子量(粉塵保持量と呼ばれる)を超えると，空気系の圧力損失の増大や，捕集された粒子の再飛散等の不具合が生じる。一方，建物の立地条件や室内使用状況等によって，エアフィルタにとっての粒子量の負荷が異なる。したがって，常にエアフィルタの目詰まり状況を監視し，必要に応じてそれを交換または洗浄することが室内衛生的な空気環境の維持，とりわけ微生物汚染の対策において重要である。

ⅳ) 加湿装置

加湿に用いる水は水道法第4条に規定する水質基準に適合するものとする。一般に加湿水として使用される原水には次のようなものが考えられる。

① 水道水
② 井水
③ 空調用温水
④ 空調用蒸気
⑤ 蓄熱槽温水
⑥ 加湿専用温水・蒸気
⑦ 給湯用温水

加湿水が汚染された場合には，居室内への影響も考えられ，過去において加湿器熱等の加湿によ

る疾病が報告されている。また，原水から空気中への細菌の移行は，加湿量に比例して増加することが確認され，加湿時と加湿停止時における給気中の一般細菌数を比較すると，数倍から十数倍の差がある例もある。

したがって，加湿に用いる原水は水加湿の場合は水道水，蒸気（温水）の場合はできるだけ加湿専用に設けられた設備でつくられたものを用いる。循環方式の水加湿および蓄熱槽水による温水加湿，ならびに有害な薬品等を添加した蒸気（温水）等は使用しない。なお，加湿方式により，純水機，軟水機，浄水器等の設置が求められる。

一方，近年透過式（気化式）の加湿器が多く使用されるようになってきている。なかには清掃のできない素材が使用される例が多くある。加湿器を定期的に清掃しないと微生物増殖の温床となることがある。

c. ダクト

今までダクト内粒子状物質による汚染に関して，多くの実測結果が報告されている[3],[4]。ダクト内に付着する粒子量は年数を重ねるに従い多くなる。その量はダクトの用途，立地条件，室内使用状況，空気清浄装置の捕集率などによって異なるが，給気ダクトに対するいくつかの調査結果では，築10年のビルでは0.5〜0.7 g/m^2，築20年のビルでは2〜7 g/m^{2}の粒子が付着していることが分かっている[5]。また，その付着粒子中に多くの微生物粒子が含まれている。例えば，大廻ら[6]は200検体で調査した結果からダクト内付着粒子1 g中に平均$10^{3〜4}$cfuの真菌が存在すると報告している。佐藤ら[7]，菅原ら[8]の研究によれば，ダクト内の付着粒子中に検出される頻度のもっとも高い真菌は *Aspergillus* sp., *Penicillium*, *Cladosporium* sp.とされている。ダクト内表面に付着した粒子状物質は一定量に達すると，朝の空調の立ち上がり時やダンパの開度を調整する時などの外乱があった場合，再飛散し室内に侵入することがある[9]。

ダクトクリーニングはダクト内微生物汚染の低減に有効な方法である[10]。したがって，ダクトの設計においては，系統ごとに点検，清掃のために適切な位置に点検口を設ける必要がある。ダクト内に汚染物を低減するためにフィルタを用いる等の措置が望ましい。

d. 吹き出し口・吸い込み口

吹き出し口および吸い込み口は，室内空気環境が均一となるようその位置および形状を選定する。吹き出し空気は，室内にむらがなく給気し，居住域における温度分布が均一によるようにする。

吸い込み口は汚染物質の除去において重要である。汚染源の分かっている場所に，吸い込み口を設置することが最も有効であるが，そうでない場合，なるべく多く均等に設置する。現状では，室内居住域の気流分布に給気が支配的な影響をもっているため，吸い込み口の数と配置はあまり重視されていない。図-5.7.4に示すように，吸い込み口の数があまり少なく，室内が間仕切られた場合，室間のエアバランスが崩れ，B室はA室の排気の通り道を与えることになる。

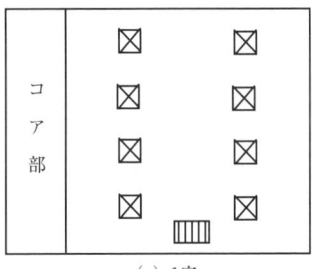

(a) 1室

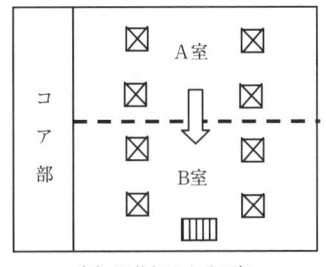

(b) 間仕切られた2室

図-5.7.4 吸い込み口配置の不適切例

e. その他
ⅰ） 個別空調

ファンコイルユニットや冷媒式空調の室内機は一般に室内分散しているため，点検，清掃等の作業が容易にかつ短時間に行える構造が必要である。とくに，天井隠蔽形のファンコイルユニット，室内機の場合，適切な位置に点検口を設ける。

ⅱ） 躯体一体化空調

近年省エネの観点から，躯体一体化空調が用いられるようになった。例えば，床吹出し空調の場合，床下チャンバーはダクトの役割を果たしており，その内の微生物汚染を取り除けるために，点検，清掃等の作業が容易に行えるような構造とし，適所に点検口を設ける。

(3) 施工上の対策

施工は基本的に設計通りに行われるものであるが，実際の現場での状況を勘案して施工性を高める手法が多く用いられている。例えば，天井裏，床下の納まりの関係で，必ずしも設計通りに行かない場合があるが，あまり無理をせずに点検や清掃がしやすくなるような工夫をすることが重要である。また，使用前において工事中に出たいろいろな種類のごみを除去し，衛生的な環境にしておくことが重要である。

5.7.3 学　　校

学校の教室は在室者密度が高く，微生物による集団感染が最も恐れられる場所の一つである。具体的には，学校保健法で予防すべき伝染病第1種に指定されているジフテリアや近年増加傾向にある結核症，カビアレルギーなどが集団感染の代表例である。また，小学生の気管支喘息疾患率の増加原因として大気汚染のほか，カーペット内の真菌やダニの可能性が指摘されている。インフルエンザウイルスが原因で1999年11月7日〜2000年1月29日の期間に全国の保育園，幼稚園，小中学校のうち5346の施設で学級閉鎖が実施された[6)-8)]。

学校の建築・設備設計，施工段階では微生物汚染防止対策として汚染源対策（結露防止，湿度制御，カーペットの使用制限など），換気による希釈，空調エアフィルタや空気清浄機による微生物除去および施設運用時の設備点検のための配慮，体育系クラブのためのシャワー設備の設置などを考慮する必要がある。

(1) 室内の結露防止

a. 結露防止のための断熱設計

外壁に結露が起こってしまうと，そこに真菌が増殖しやすくなる[9)]。増殖した真菌は汚染源となり室内に真菌胞子が飛散したり，ニオイも発生したりする。学校建築はとくに寒冷地の場合，設計段階から外壁の結露防止のための断熱計画を検討する必要がある。学校建築の特徴として在室者密度が高く，それによって潜熱負荷が大きく露点温度が高いことが挙げられる。したがって，たとえ

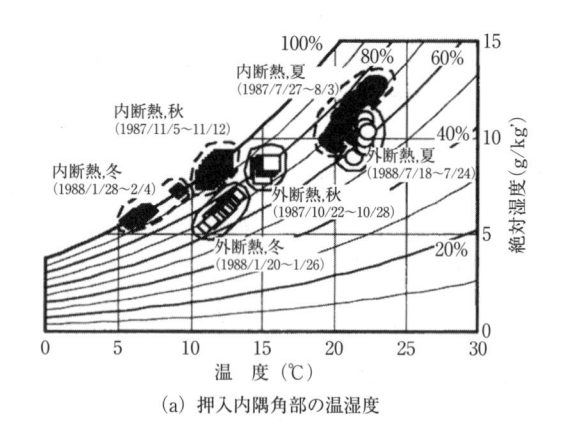

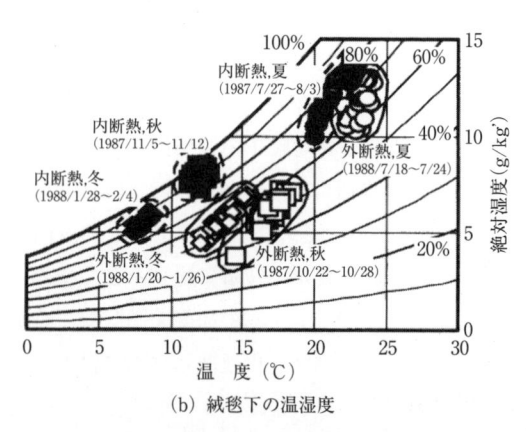

(a) 押入内隅角部の温湿度

(b) 絨毯下の温湿度

図-5.7.5　RC造集合住宅の外断熱と内断熱比較[10)]

換気回数が同じ場合でも，事務所などよりも結露しやすくなるので，注意が必要である。

外壁の断熱設計法は学会設計マニュアルを参照されたいが，ここで外断熱の効果を改めて強調したい。**図-5.7.5**にRC造住宅内の実測結果を示す。学校建築とは条件が多少違うが，内断熱に比べ外断熱は外部に面する押入内や絨毯下の温度が高く，湿度が低く推移していることがわかる[10]。冬季に限らず外断熱は外壁の内表面温度向上，乾燥維持に有効で結露防止設計に採用すべきである。

b. 工事中と入居前の換気励行

RC造の場合，構造体のコンクリートから，また内装工事で使用する接着剤や水性塗料などから室内に水蒸気が発生する。それが原因で結露が起こり，工事中に壁や天井などに真菌(カビ)が増殖する例がしばしば見られる。真菌(カビ)の増殖防止や化学物質放散の促進，施工者の健康維持のため，施工期間中に窓，扉を開放して換気させることは微生物汚染防止に有効である。

なお，竣工引き渡し後から使用開始直前までの期間中も教室の換気システムを運転させれば結露防止だけでなく，使用初期の室内空気環境の改善にも効果的である。

(2) 室内湿度の制御

真菌増殖と相対湿度との関係については，多くの知見が得られている。一部の好乾性真菌を除けば，ほとんどの真菌は相対湿度が70％以下の場合増殖しなくなるので[11),12)]，建材表面の真菌増殖防止のため，室内相対湿度を70％以下(理想的には60％以下)にする必要がある。そのために，夏季の教室の微生物汚染対策として，除湿機能を備えた空調機器の設置が考えられる。

また，相対湿度が30％以下となると，呼吸気道の抵抗力低下，インフルエンザウイルスの生存時間延長[13]によって風邪やその他の呼吸器疾患に罹りやすくなる[14]。代表的なものは毎年冬季に学校で発生するインフルエンザの流行がある。予防策として冬季に教室内の相対湿度が40％以上維持できるよう加湿機能を備える空調システムや加湿器の設置を計画する必要がある。

(3) 床の種類とカーペットの使用制限

カーペット床は食べこぼしなどで栄養素の供給，湿気が溜まりやすいことで微生物(とくに真菌)が増殖，堆積しやすいのみならず，ダニの増殖，花粉の堆積にも好条件になる。学校での測定報告は少ないが，住宅塵埃の中には平均では800～1 000 cfu/g，最大では8 200 cfu/gの真菌が測定され[15]，真菌の数は温湿度の影響を受けるが，カーペット床(絨毯床)にはより多くの真菌が検出された[16]。ハウスダスト内の真菌数が多い場合，真菌をエサにするダニの数も多くなると考えられる。実際，空調された事務所ビル内床面のダニ数を測定した結果，PVCタイル床の4.9匹/m^2に対し絨毯床は20.5匹/m^2と4倍も高く[17]，また保育園では絨毯床は木目タイル床よりダニアレルゲン量が多く検出された(**図-5.7.6**)[18]。

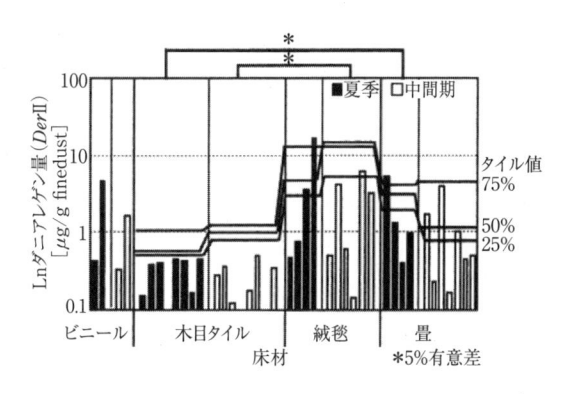

図-5.7.6 床材によるダニアレルゲン量の違い[18]

近年，小児喘息が増加傾向にあり，完治しにくくあるいは小学校に入ってから発症する例も増えているとの報告がある[7]。その原因として，ディーゼル車の排ガスによる大気汚染や，室内のホルムアルデヒドなど化学物質汚染，真菌，ダニ増殖の温床になるカーペット使用の増加など，複合的汚染による可能性が指摘されている。その観点から，学校建築の床はカーペット(絨毯)や畳でなく，カビアレルゲン量，ダニアレルゲン量の低減のためにPVCタイルや木目タイル床などを採

用することが推奨される。

(4) 換気量の確保

教室内の細菌の主な発生源は児童，生徒などであり，自然換気およびフィルタ無しの機械換気の場合，室内濃度は外気濃度より高いと考えられる。換気量を確保することは，二酸化炭素濃度を文部科学省基準値(1 500 ppm)以下に抑えるとともに，教室内細菌濃度の低減にもつながる。また，これはインフルエンザウイルスなど病原性微生物のキャリアが存在するとき，病原性微生物を希釈して集団感染を防ぐことにもつながる。さらに，換気は建材上の真菌増殖防止に，外気中の水蒸気分圧が低い冬季だけでなく，四季を通じ効果があるとされている[19]。

教室内換気量について，文部科学省「学校環境衛生の基準」では幼稚園・小学校2.2回/時以上，中学校3.2回/時以上，高校など4.4回/時以上と規定されている(40人在室，容積180 m³の教室を想定)。設計時，まずそれ以上の換気回数を維持できるよう換気設備や機器の選定をしなければならない。一方，細菌の人体発生量について防音教室内では夏241(20～1 250)cfu/(人・分)，冬441(200～720)cfu/(人・分)との結果[20]，外気中の細菌濃度は0.35(関東)，0.63(北海道)cfu/Lの報告がある[21]。瞬時一様拡散を仮定した場合，教室内細菌濃度Cと換気回数nとの関係は次式で与えられる。

$$C = C_o + \frac{M}{n \cdot V}$$

ここで，

C_o：外気濃度

M：室内での細菌発生量(＝1人あたりの発生量×人数)

V：教室の容積

表-5.7.1に教室内細菌濃度と換気回数との計算例を示す。換気回数が1回/時の場合，学会規準値を超えてしまうことがわかる。

また，学校建築の竣工引き渡し時，化学物質濃度の測定と基準値以下の達成が引き渡し条件とされている。化学物質濃度測定に合わせて竣工時に換気量の測定を行うことが望まれる。

表-5.7.1 教室内の細菌濃度と換気回数の計算例

換気回数（回/時）	1.0	2.2	4.4
細菌濃度（cfu/L）	10.2	5.0	2.8

条件：外気濃度0.63cfu/L，人体発生量720cfu/(人・分)，教室容積180m³，在室人数40人

(5) 空調エアフィルタや空気清浄機の設置

近年，結核症の増加傾向が見られ，平成11年に厚生労働大臣による「結核緊急事態宣言」が行われた。結核症は空気感染によるので，学校での集団感染防止対策はきわめて重要である。発症生徒の早期発見および，隔離措置を図ることが第一であるが，建築設備的な予防策としては換気希釈，循環空調系統のエアフィルタ，教室内設置の空気清浄機による浮遊結核菌の効果的除去が考えられる。結核菌サイズは0.3～0.6×1～4μmとされ[21]，空調換気システムにNBS 90％以上(0.3μmのDOP粒子に対して約70％の除去効率)の除去能力を有する中性能フィルタの設置が望まれる。

空気清浄機の除去効果は処理空気風量とフィルタの除去効率に左右され，吹き出し風速によって希釈勢力範囲が変わる。空気清浄機の吸い込み口を発生源の近くに設置される場合，発生菌を効率よく除去できると考えられる。**図-5.7.7**に空気清浄機の除去効果の一例を示す[22]。

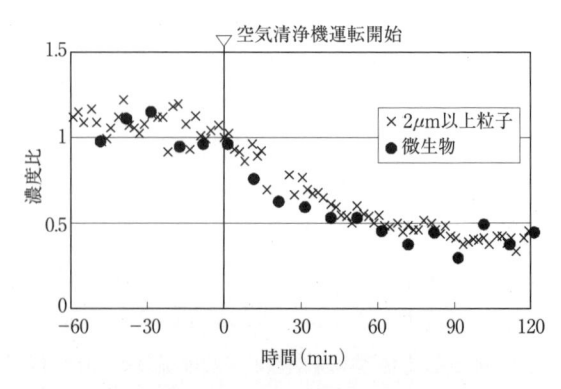

図-5.7.7 空気清浄機による微生物除去効果例[22]

(6) 空調換気設備点検などへの配慮

空調換気設備内の温湿度は真菌にとって増殖の好条件にもなっている[23)-26)]。空調ダクトの塵埃から1g当たり$10^4 \sim 10^6$cfuの真菌が測定され[24)]，コイル表面にも真菌の増殖が認められる[25)]。空調換気設備の性能維持とフィルタ交換，機器内部やダクトクリーニングのため，機器点検用スペースの確保が必要である。また天井裏に空調機器などを設置する場合，天井面に点検口の適正配置も設計時に考慮する。

(7) 柔道部などのためのシャワー設備の設置

某大学の柔道部選手の間に*Trichophyton tonsurans*感染症の集団発生があった。その感染症はこれまでまれな疾患であったが，今後は格闘技クラブ部員から流行して他の生徒，家族，会社などへ拡大していくおそれがある。対策として練習着の共用禁止などがあるが，練習後にすぐシャワーを浴びることを提案されている[8)]。学校の体育系クラブ，とくに格闘技クラブのためにシャワー設備の設置を今後考える必要がある。

5.7.4 病　　　院

(1) 病院での主な微生物汚染の発生源[27)]

病院での主な微生物汚染の発生源は，(a)外気，(b)外来患者ならびに訪問者，(c)入院患者ならびに病院従事者，(d)什器・設備があげられる。

a. 外気中には，微生物が大量に浮遊する。真菌では好湿性が多いとされている。ビル冷却塔から飛沫伝播したレジオネラ感染症は室内微生物汚染の典型例の一つである。カビやその胞子，ダニの虫体破片や排泄物，外気取り入れによる花粉などが空中に浮遊し，吸入するとアレルギー症状を起こすことがあり，易感染患者にとってその症状は深刻である。

b. ヒト由来微生物としては細菌が多い。とくに着衣には乾性ならびに耐乾性の微生物が多く存在するとされている。その他に，病院では外来患者のもたらす病原性微生物を考える必要がある。

c. 「くしゃみ」，「咳」，「発声」に伴い，インフルエンザウイルス，結核菌，麻疹ウイルスなどが飛沫し，感染を起こす可能性が指摘されている。「くしゃみ」では，エアロゾル粒子200万個/回，「咳」は2.5L/回，その際にエアロゾル粒子10万個/回，その流速は35m/secにも達することがある[28)]。

d. 病院では一般に患者が接触した便器，ベッド，椅子などに微生物が生残する可能性がある。院内感染を空気感染と接触感染とに分けると，接触感染の割合の多いことが報告されている。

(2) 病院での室内微生物汚染制御のための一般的留意事項

a. 院内感染の具体例としては，何らかの重篤な病気に罹患している患者や手術を受けて免疫能の低下している患者(易感染性宿主)が罹患するメチシリン耐性黄色ブドウ球菌(MRSA)によるものがよく知られている[29)]。その他に，緑膿菌，セラチア菌属，エンテロバクター属，コアグラーゼ陰性ブドウ球菌，腸球菌などによるものがある。またレジオネラ症や針刺し事故によるB型肝炎ウイルス感染症が報告されている。

b. 疾病の季節変動は病院の計画設計に参考になると考えられる。夏季には消化器系と肝臓に関する疾病が多くなり，一方，冬季には循環器系と呼吸器系に関する疾病，すなわち血圧上昇，心筋梗塞などの心臓病が多くなる。

また，冬季には「かぜ」をはじめ肺炎，気管支炎などが増加する。咽頭の粘膜，温度低下，皮膚血管収縮反応と同期した血管収縮反応が起こり，抵抗力が低下する。インフルエンザウイルスは相対湿度50％以上になると急速に不活化し，相対湿度30％が至適とされる。相対湿度20〜35％で，1日生存率は10％である。宿主の人間側では，低湿度条件下において粘膜上皮細胞の線毛運動が不活発となり，症状が一層深刻化する。

c. 病院のように易感染患者を含む身体的弱者のための建築施設での微生物濃度は限りなく低レベルであることが望ましい。例えば，免疫抑制療法を受けている骨髄移植患者などはその典型例であ

5 室内微生物濃度制御の方法

る。

d. しかしながら，医療関係者，訪問者はもとより，患者それ自身も常在菌と共生する存在で，微生物濃度を0に抑えることは原理的に困難である。また，限りなく低レベルに維持することも，莫大な建築設備投資と運転管理費用を必要とする。現実的には患者の状況に応じたゾーニングを考え，それぞれの濃度レベルを考えるという方針をとらざるを得ないと考えられる。

e. 一方，感染症のメカニズムを考えれば，その濃度レベルは，本来個体間変動と同一患者でも時間的な変動を伴うものである。すなわち，患者の抵抗力のレベルに応じた対応が必要となる。

(3) 病院の建築および設備設計・施工上の対策

住宅，学校，オフィスの項で述べられている，換気量の確保，発生源の低減化対策，増殖の抑制，高性能フィルタの設置などの一般的方法を施すことを前提とし，病院固有のものを述べる。

a. ゾーニングの細分化

ゾーニングの細分化を考えることは病院では必然的なものである。また，作業空間と呼吸空間の分離を心掛ける必要があり，これらのことより院内感染の低減化が考えられる。具体的には排気口の数の増加，カーテンなどによる軽い仕切りその他により同室内における感染の減少をはかるなどの必要がある。

ゾーニングに関連して，微生物汚染対策すなわちバイオハザード対策施設に関する知見は有用と考えられる。物理的封じ込め（Physical contaminant）対策のレベルに応じて低いレベルP1から高レベルのP4に区分されている。P2レベルではエアロゾル作業中に安全キャビネット使用や高圧減菌器設置などのように備えるべき設備やそのクラスおよび作業基準を規定している。ちなみに，P3やP4レベルでは，前室の設置や陰圧制御，排気のろ過，洗浄薫蒸が可能な仕上げが要求されている。最も高レベルのP4レベルでは排気ろ過もHEPAフィルタ2段ろ過レベルが求められ，廃水の加熱減菌処理装置が要求されている。

当然のことながら，バイオハザード施設のみならず，一般病室，待合室，診察室などにおける感染の防止体制を図る必要がある。

b. 加湿器を介しての感染防止対策

加湿器を介しての感染防止対策には，レジオネラ症だけでなく，未熟児保育器や酸素吸入器の加湿器，ネブライザーの連続使用による感染例の報告がある[30),31)]。

最近，加湿水に水道水の次亜塩素酸ナトリウム水の代替として微酸性電解水（微酸性次亜塩素酸水）を採用した加湿・減菌同時システムが提案され，老人保健施設，学校等での適用例が報告されている[32),33)]。また，微酸性電解水（微酸性次亜塩素酸水）がレジオネラ菌やインフルエンザウイルスの不活化に優れた効果があることも報告され，病院での加湿水や清拭水への採用の検討は，有効と考えられる[34)]。

c. ダクトを介しての感染防止対策

ダクトを介しての感染防止対策に関連し，小児のウイルス感染症のダクトを介しての院内感染が報告されているので，施工・管理上での十分な注意が必要である。

d. 単一ダクト方式の限定使用

単一ダクト方式の限定使用に関連し，小児病棟での空調ダクトを介しての院内感染拡大，廃棄物保管庫における空気汚染が報告されている。単一ダクトの採用には十分な検討が必要である。

e. 廃液・廃水による環境汚染防止対策

廃液・廃水による環境汚染防止対策には，高圧蒸気減菌方式や化学薬品による消毒の方式の採用が考えられる。また，将来は，次亜塩素酸ナトリウム水が効果を示さない細菌芽胞にも効果的な微酸性電解水（微酸性次亜塩素酸水）の活用も考えられる。

f. 病院内構成素材・体具の付着微生物の滅菌対策

院内感染の防止対策の重要な手法として，患者が手を触れる部位（ドアノブ，ベッド柵，手すりなど）に対する，定期的な清拭もしくは消毒が必要と考えられる。また，車椅子のアームレスト，

グリップ，ハンドリムなどについて付着微生物の濃度の報告がなされ，それによると，車椅子などの収納庫などについて，設計段階から滅菌装置を配備することが有効と考えられる[34]。

なお，病院における入院患者・外来患者は健康上とくに考慮を必要とする方々である。そのための具体的な事項については，第7章を参考にしていただきたい。

5.7.5 食品工場
(1) 食品工場の一般的衛生管理要件

米国の適正製造基準（GMP：Good Manu-facturing practice）では食品工場の一般的衛生管理要件を以下のように示している。施設の周囲には植栽しないことや排水溝から施設内に昆虫や小動物が浸入しない設備を設けること。施設の内部では構造と保守管理に関して，工場内を汚染区域と清浄区域に区分して，天井・壁・床・窓等や照明，換気，排水処理，廃棄物処理。衛生施設では従業員の便所・食堂，清浄区域に入る前の更衣室・手洗い施設の設置。工場施設の洗浄・殺菌装置の設置。使用する水質の管理・供給。食品の搬送と保管，設備・器具の構造および保守管理，従業員の教育訓練，衛生管理および健康管理，施設設備の殺菌洗浄，衛生害虫鼠族の管理，記録要件である。

(2) 食材や食品に対する危害分析

食品加工において危害微生物の進入経路で最も対策が必要な場所は原材料とその保管室である。作物等植物性の食材にあっては1gには細菌・放線菌や真菌類など微生物が10^8個程度棲息している土壌が付着している。これら微生物を媒介するダニ類・昆虫も存在する。細菌や真菌にあっては細菌性食中毒菌やマイコトキシン生産菌の可能性も考えられる。動物性の食材では家畜と人の共通病原菌として知られる炭疽菌・ブルセラや畜肉の大半が汚染している食中毒菌のサルモネラ菌がある。魚介類では感染症菌のコレラ菌，食中毒菌の腸炎ビブリオや近年食中毒の原因で最も多いノロウイルスがある。

(3) 人の衛生管理

食品工場における微生物のもう1つの侵入経路は人である。人の表皮にはブドウ球菌が付着している。傷口などには食中毒の原因になる黄色ブドウ球菌が増殖している。これら人由来の微生物は手や口腔，鼻空，頭髪にも分布している。たとえ病原性の無い微生物でも食材は微生物の培地となり，食品の腐敗をもたらす。また，消化器系の疾患では，腸内などで病原菌が増殖して糞便とともに環境中に放出される。これら人由来の微生物が食品を汚染すると，食品が病原の感染経路になってしまう。したがって，人由来の微生物が食品に汚染しないように食品の調理加工室など清潔作業区域や無菌室などへの移動途中には，作業着に着替えるための更衣室を設置する必要がある。更衣室の手前には下足や上着を管理する場所を設ける。更衣室には上下繋ぎの作業用の上着，帽子，マスク，手袋，長靴などを設置する。作業着に着替えた後の表面付着菌除去の工夫や手洗い用の流しは水跳ねが少ないものがよく，給水栓は自動が好ましい。手洗い後は手指抗菌乾燥機ではなく，使い捨てのペーパータオルを用いる。更衣室から清潔作業区域へ入るところには次亜塩素酸ナトリウム水溶液で作業靴の靴底を消毒して入る。

(4) ゾーニングと動線

食材には付着微生物，とくにその食材を栄養素としている微生物が付着している。家畜や魚介では屠殺，作物では下処理で生命活動が絶たれると表面付着菌の活動が活発になり腐敗が進行する。食品加工には微生物との関係でゾーニングの必要性がある。検収室や保管庫は汚染区域である。下処理室や食器等洗浄室は準清潔区域，加熱調理加工工程による滅菌工程の場所が清潔区域，微生物の二次汚染を防ぐための包装工程は無菌室がよい。人の動線は汚染区域から準清潔区域や清潔区域への移動ができないようにする工夫が必要である。

a. 検収室

外部から搬入された食材の汚損状況や衛生害虫

などが存在していないか調べて購入条件が満足されていれば受け入れられる。

b. 保管庫

食材は食品保管庫に食材別に保管される。冷凍，冷蔵，常温など温度管理，常温では昆虫や小動物の侵入を遮断する工夫が必要である。

c. 下処理室

保管された食材は次に下処理が行われる。水洗，食品加工に適したサイズへのカットである。この工程では廃棄物が発生する。洗浄槽や排水溝は食材の破片が水分を含んで残留して，それが微生物の発生源になりやすいので工夫が必要である。排水溝のトラップは洗浄しやすく，微生物の増殖が抑制できる金属性がよい。床は水洗できるように壁側は立ち上げる。床材には次亜塩素酸ナトリウム等の殺菌剤に耐食性で撥水性の材料がよい。

d. 調理加工室

下処理後の食材は加工室に入り，多くの場合加熱調理される。一般的に食材の内部温度が60℃以上で数分間加熱加工されて滅菌される。加熱加工には，煮沸，蒸煮，食用油で揚げる，炒めるなどがある。油処理は一般的に180℃で行われるため油滴が排気口や室内に付着残留しやすいので清掃しやすくする工夫が必要である。また，煮沸や蒸煮は多量の水分が室内に放出されるため高温多湿になりやすく，結露も発生しやすく，微生物が増殖する場になる。したがって空気管理が重要になる。また，天井などに結露が溜まりやすく，生じた結露が落下しやすいので傾斜を設けるなど工夫が必要である。加熱調理加工で無菌化した食品への微生物の二次汚染を避けることが最も必要である。洗浄槽や室内の工夫は下処理室と同様の工夫が必要である。加工機器は整備に十分な空間を設けられるように配置されていないと微生物発生の温床になりやすい。

e. 包装・無菌室

加工品は放冷後無菌の包装資材で包装される。この工程は食品に対する微生物の二次汚染を抑制するための重要な工程であるため無菌室で行われる。無菌室には前室を設けてHEPAフィルタによる空気管理が好ましい。無菌室内に排水溝や排水トラップを設けると微生物汚染の原因となる。無菌室の内装材は次亜塩素酸ナトリウム等の消毒剤に耐えて，撥水性であることが好ましい。無菌室でなくても厚手の塩化ビニルなどを用いたカーテンで周辺環境から隔離することも有効な手段である。食品工場ではClass 10 000（粒径 $0.5\mu m$ 以上の粒子数が $10\,000/\mathrm{ft}^3$ 以下で微生物数ではおよそ $0.5\,\mathrm{cfu/ft}^3$ 以下，メートル法で換算すると粒子がおよそ350/Lで微生物数ではおよそ0.018 cfu/L，JIS：クラス[8]）とされている。

f. 箱詰め

包装後検査して箱詰めされ出荷される。

g. 食品工場の内装に用いる抗菌化合物

食品工場の内装は凹凸をできるだけつくらないほうがよい，凹凸の部分が微生物の生息場所になる。内装材に混入する防カビ剤としては柑橘系の食品添加物として許可されている登録農薬のチアベンダゾールが軟質塩化ビニル，ポリエチレン樹脂，ポリプロピレン樹脂，アクリルスチレン樹脂，ポリウレタン樹脂，シリコーン樹脂，防菌製品では繊維，紙，接着剤，塗料，インク，エアーゾルスプレー，石膏ボード，パテなどで使用されている。この他クロルキシレノールも真菌と細菌に効果のある化粧品原料基準収載の薬剤で使用範囲も広い。

(5) 気流の制御

包装工程のように無菌レベルを維持する必要がある場所は高圧にして周辺からの気流の流入を避けなければならない。調理加工工程は高温高湿になりやすいため排気する必要があるが，陰圧にならないようにしないと，前工程の下処理室から汚染空気の侵入が問題となる可能性が生じやすい。微生物はその粒径がカビの胞子で数 μm，細菌で $1\mu m$ 前後である。気流が強いと落下せずに気流とともに除去できる可能性もあるが，湿り気が大きいと粉塵や微生物相互で付着して大粒子になり

やすく，必ずしも気流で除去できるとは限らない。

5.7.6 医薬品と化粧品工場
(1) 医薬品および化粧品工場における設備設計の実態

医薬品および化粧品工場における維持管理上の対策として記したように，医薬品および化粧品工場における微生物対策を含めた設計や施工上の対策はすべて，GMP（Good Manufactory Laboratory）規準に対応するべく施設設備面で対応されている。医薬品および化粧品工場における微生物汚染は，その原因として設備設計や施工での対策が十分に達成されているかにかかっている。過去に微生物汚染事故があった例をみると，その多くは，設備の不完全と施工上のミスによるものといえる。しかし，今日の医薬品および化粧品工場は，その衛生管理や微生物汚染対策が充分に施されており，健康被害に値する事故例はほとんど聞かない。その点では医薬品工場や化粧品工場での衛生対策は問題のない状況にあるのが実態である。GMP対応としての環境整備が十分達成された状況にあり，改善の余地はない状況である。具体的な数値は見あたらない。

(2) 環境管理の要点

医薬品化粧品製造環境への微生物汚染防止のためには，一般的に持ち込まない，増殖させない，拡散させないといった微生物制御の3原則を守ることである。そのためには十分な水準の防腐剤の使用，製造時の条件や製造組成に対して安定する，すなわち，分解や吸着などによる不活化などのないことに適合することが大切である。GMPの遵守の重要性を認識することである。製品への微生物汚染源として主に空気，機器，原料，資材，施設，作業者に大別できる。これらをおのおのの領域において微生物汚染が最小限になるように考えていかなければならない。

5.8 居住（建物使用）時での維持管理上の対策

5.8.1 住　宅

最近は快適に暮らすためにさまざまな家電製品が住居の中に存在している。しかし，その製品が目的に適って使用されているとは限らず，無駄な電力消費や，間違った使用で有効に使用されているとは限らない。機器を有効使用するには機器の目的をよく考えて目的に沿った使用をしなければならない。

例えば浴室の換気扇は，入浴中はもちろん全員が入浴を済ませた後も半日あるいは24時間換気扇を稼動させるのがよい。

厨房の換気扇も局所換気とはいえ調理中のみならず調理後も厨房内の空気が清浄になるまで稼動させることが必要である。換気扇で排気する場合排気量と同量の空気供給をしなければならない。それを怠ると局所換気は十分な効果をもたらさないのみならず，室内が陰圧になり扉が開きにくくなる。

その他，厨房の油汚れの清掃などがあるが，とくに気をつけなければならないのは，エアコンの清掃である。フィルタの塵埃にカビや細菌が付着・増殖し稼動時には室内に拡散する場合もあり，少なくともひと月に1回はエアコンの手入れが必要である。

5.8.2 事　務　所
(1) 事務所ビルにおける微生物汚染の実態

図-5.8.1に東京都内にあるオフィスビルの室内浮遊細菌，真菌濃度の経時変化を示す[35]。図中の影部分は非空調時を示す。室内浮遊細菌濃度は空調開始直後から下がり，その後在室者数の変化に連動して上下するように見受けられる。これに対して，室内浮遊真菌濃度は空調運転開始に伴って下がり，その後低い濃度のままで維持されている。何れの測定結果においても，室内浮遊細菌と浮遊真菌濃度はAIJES-A002-2005の室内管理規準

5 室内微生物濃度制御の方法

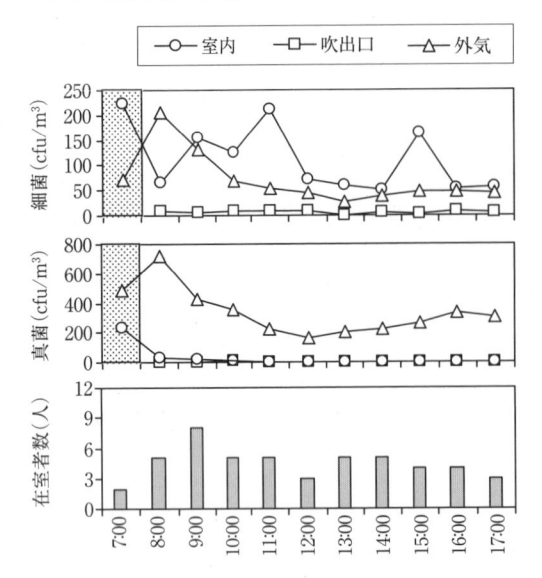

図-5.8.1 事務室内浮遊微生物濃度の測定例

値（オフィス：細菌 500 cfu/m³，真菌：50 cfu/m³）を満足した。

一方，測定箇所別の浮遊細菌と真菌の濃度を比較した結果，細菌については，濃度の低い給気に比べ，室内濃度が高くなっている。真菌については，給気中と室内のいずれにおいても低い濃度を示した。このことから，室内浮遊細菌の主な発生源は在室者，浮遊真菌の発生源が外気にあることが推察される。また，給気中の浮遊細菌濃度，浮遊真菌濃度が外気中の濃度に比べ非常に低くなっていることから，ほとんどの浮遊細菌と浮遊真菌が空気清浄装置によって除去されたことが分かる。一般にオフィスの空調機に使用されている比色法65％程度の中性能エアフィルタを用いれば，80％以上の浮遊細菌と真菌を捕集できることが報告されている[36]。

オフィスビル内の浮遊細菌，真菌濃度は空調システムを介しての侵入量，室内での発生量，給気量のバランスによって形成される。一般に空調システム内，室内の発生源がなければ浮遊真菌濃度は低い。逆に，室内浮遊真菌濃度が高くなっている場合，室内または空調システム内の汚染源があることを意味し，その原因を究明し対策を施す必要がある。空調システム内は，その温湿度特性から微生物の生育しやすい環境にある。図-5.8.2に事務所ビルにおける空調システム内各箇所の微生物付着量の測定例を示す[37]。空調システム内に細菌，真菌が多く存在していることが分かる。

(2) 空調システムの衛生管理

現在，ほとんどすべてのビルには空調設備が備えられている。そのため，室内における微生物汚染は空調システムにかかわる部分がきわめて大きい。空調システムは不適切な設計，管理によってその自身が汚染源または汚染を拡散させるものになることが加湿器熱，在郷軍人病（レジオネラ症）などによって実証されている。いわゆるビル関連病（Building-related illness，BRI）に関連する微生物汚染問題の中には，一部建築物構造によるものがあるが，ほとんど空調システムに関連したものである。空調システムの衛生管理が事務所ビル室内微生物汚染の制御においてきわめて重要であ

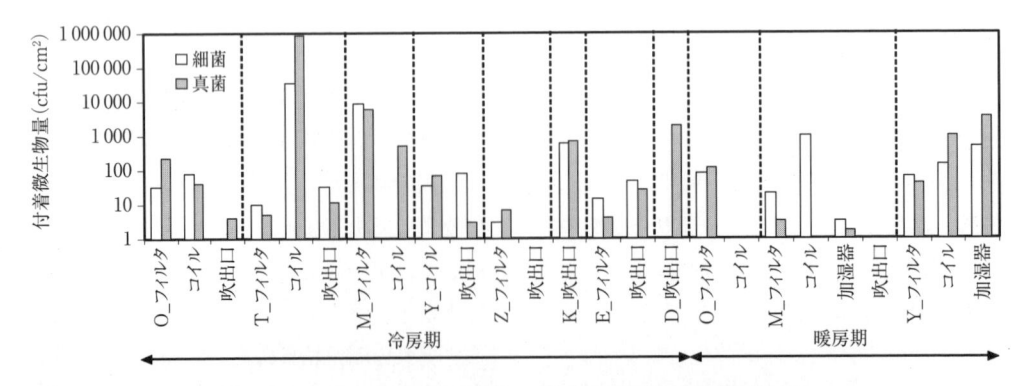

図-5.8.2 オフィスビル空調システム内付着微生物量測定例

る。以下に、空調設備の衛生管理について述べる。

a. 空調機

エアハンドリングユニット（AHU）のような空調機にはエアフィルタ、冷温水コイル、加湿器が内蔵されている。プレフィルタは一般に月単位で洗浄または交換されるが、室内側に近いメインフィルタは年単位で交換されるケースは少なくない。外気中または再循環空気中の微粒子がプレフィルタを透過してメインフィルタに付着し、その中に含まれる真菌、細菌といった微生物粒子は室内の汚染源になる。フィルタで増殖したカビ胞子が室内に侵入することが確認されており、また、それらの真菌の多くはアレルゲン物質であると報告されている。一方、微生物粒子が室内に侵入しなくても、微生物から発生するMVOCs（Metabolic/Microbial Volatile Organic Compounds、微生物由来揮発性有機化合物）は居住者の健康や快適性に悪影響を及ぼすことがある。フィルタの圧損をチェックするための差圧計を設置し、必要に応じて適時に洗浄または交換することが望ましい。

コイルは空調機全体のクリーニングを行われない限り放置されがちである。コイルからダクトまでの間は微生物の生育にとって好環境になっており、常に清浄な状態に保つ必要がある。コイル表面の付着微生物由来の「カビ臭い（MVOCs）」との苦情が出てから対策を施すよりは、その汚染を未然に防ぐための日々の衛生管理が重要である。

加湿器は、湿気の溜まるところであり、微生物の生育、増殖にとって好環境になっている。いわゆる加湿器熱は加湿機内で増殖した微生物がエアロゾル化し室内に侵入した結果である。加湿器は冬期に使用されるため、使用前後に清掃を行い、クリーンな状態にしておく必要がある。

b. ダクト

空調ダクトは空調機で調和された空気を室内に導くためのもので、清浄な状態に保たれなければならない。しかし、ダクト内面には時間経過とともに粒子状物質が付着・堆積し、ある程度以上の量になると気流による剥離力が粒子とダクト表面の付着力を上回り、とくに運転開始時などの非定常力作用時に再飛散し、室内に放出される。空調ダクト内から、重金属、MVOCs、微生物などの汚染物質が検出されている。ダクト内の堆積粒子量は年数を重ねるに従い多くなり、その付着粒子中に多くの微生物粒子が含まれている。ダクト内の汚染を除去するにはダクトクリーニングが必要である。

以下に、空調用ダクトクリーニングによる微生物汚染の対策事例を示す。

【対策事例】

図-5.8.3に給気ダクト内温湿度の測定結果を示す[38]。ダクト内は微生物の生育、増殖にとって好環境になっていることがわかる。また、図-5.8.4に清掃前の給気ダクト内の付着粒子重量と付着粒子に含まれる総真菌数の関係を示す。粉塵

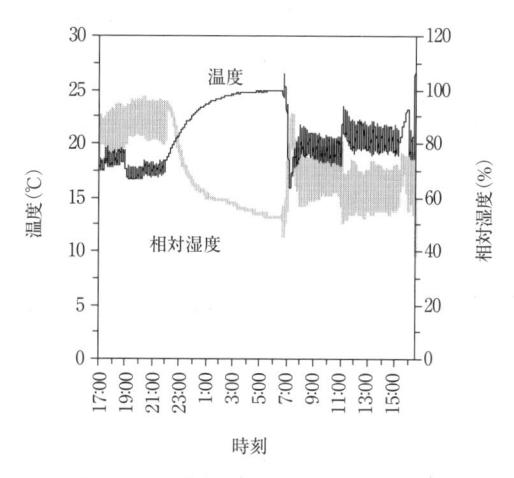

図-5.8.3 給気ダクト内空気の温湿度

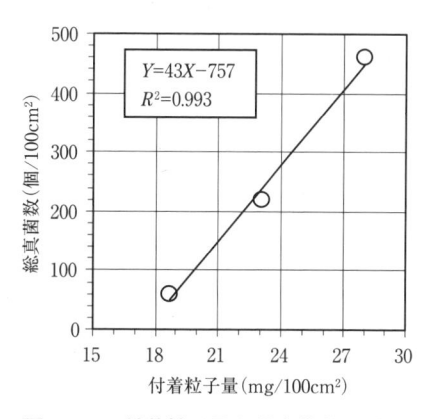

$Y = 43X - 757$
$R^2 = 0.993$

図-5.8.4 付着粒子量と総真菌数の関係

表-5.8.1　清掃前後のダクト内真菌数(cfu/100cm^2)

	清掃状態	総真菌数	Aspergillus sp.	Penicillium sp.
ダクト内下面	清掃前	4.6×10^2	2.0×10	7.6×10
	清掃後	< 20	< 20	< 20
ダクト内側面	清掃前	2.2×10^2	2.0×10^2	< 20
	清掃後	< 20	< 20	< 20
ダクト内上面	清掃前	6.0×10	4.0×10	< 20
	清掃後	< 20	< 20	< 20

が多いほど，真菌数も多くなる。

表-5.8.1に清掃前後の総真菌数，Aspergillus sp.，Penicillium sp.の測定結果を示す。ダクト内の総真菌数は清掃前と清掃後とでは，明白な減少が見られた。

日本では，2001年12月7日に臨時国会において建築物衛生法の一部を改正する法律案が成立し，2002年4月1日から施行されることとなった。法改正の1つの重要な内容は登録業種の拡充であり，新たに「建築物空気調和用ダクト清掃業」が追加されることである。「建築物空気調和用ダクト清掃業」の登録には所定の物的要件と人的要件を満たす必要がある。

c.　個別空調機

ヒートポンプの室内機，ファンコイルユニット，個別の加湿器等のような室内に設置される個別空調機が分散されるためその維持管理に手間がかかるが，中央空調方式と同じように，適正な維持管理を行うことが重要である。

d.　躯体一体化空調について

最近，省エネとされる躯体一体化空調方式が見られるようになってきている。躯体蓄熱の利用などといった省エネが図られる反面，躯体内はダクト代わりになっているため，微生物汚染などの汚染源になりかねない。躯体内における適正な衛生管理が必要である。

5.8.3　学　　校

(1)　教室内の微生物汚染実態

教室内の微生物発生源は細菌に関しては自然換気，機械換気により外気とともに室内に侵入するものもあるが，人体からの発生が支配的と思われる[39)-41)]。吉澤らによると，防音教室内での人体発生量は夏の場合241(20～1 250)cfu/(分・人)，冬の場合441(200～720)cfu/(分・人)である[39)]。また真菌の発生源は換気により外気とともに室内に侵入するもの，壁・天井・床(カーペット)などの内装材表面から発生するもの，および冷暖房機器，空調換気ダクトから発生するものなどが挙げられる。

教室内および教職員室内の微生物汚染実態について，1990年に行われた6校の学校での実測結果

表-5.8.2　教室内の微生物実態[42)]

項　目	細　菌		真　菌	
	夏	冬	夏	冬
浮遊菌(cfu/L)	7.0	7.8	0.8	0.7
落下菌(cfu/(皿・5分))	6.3	5.6	3.2	4.6
培　地	SCD(トリプトソイ)寒天培地		クロラムフェニコール添加PDA寒天培地	
培養条件	37℃・48時間		25℃・96時間	

表-5.8.3　教職員室内と外気の微生物実態[42]

項　目	細　菌		真　菌		測定場所
	夏	冬	夏	冬	
浮遊菌(cfu/L)	2.4	5.4	0.4	0.3	職員室
落下菌(cfu/(皿・5分))	1.9	2.3	3.2	1.3	職員室
	12.2	20.0	13.7	12.7	外　気

注) 培地，培養条件は表-5.8.2と同じ

を表-5.8.2，表-5.8.3に示す[42]。教室内では浮遊菌濃度，落下菌数の夏，冬の差はさほど大きくないが，教職員室内に比べ約2倍程度高かった。

(2) 維持管理上の対策

学校教室は在室者密度が高く，空調換気設備を完備していない場合が多い。また音楽室のような防音が必要の場合，窓開け換気もできず，空気環境は優れるとはいい難い。このような状況を踏まえて教室使用時，微生物汚染防止の観点から以下の対策が考えられる。

a. 定期的な環境測定の実施

定期的(毎学年の夏と冬(暖房時)の2回/年)に教室内の微生物濃度，落下菌数を測定する。測定結果が明らかに高い値となった場合，微生物汚染源の存在あるいは換気の希釈効果が低下したことを意味するので，原因を究明して対策を講じる。また教室内二酸化炭素濃度も同時に測定すれば，換気効果の確認にもなる。

b. 適正な相対湿度の設定と維持

相対湿度が70%を超えると，湿気で真菌が増殖して微生物汚染が起こりやすい。また冬季の暖房時に低湿度になりがちである。相対湿度が30%以下になると，気道粘膜の乾燥を生じ，気道の細菌感染予防作用を弱める。さらに各種ウイルスの生存時間を延長させ[43]，風邪，インフルエンザやその他の呼吸器疾患に罹りやすくなる[44]。したがって，空調システムを備えている教室では，室内相対湿度は夏季には除湿運転して70%以下，冬季には加湿運転して40%以上になるよう設定・維持することが望ましい。

c. 空調換気設備などの定期的な点検・保守

空調系統にフィルタを設置して長期間使用すると，フィルタの目詰まり(それによりフィルタ圧力損失が増大して空調換気システム風量が低下する)や，捕集された微生物の増殖およびその再飛散等の恐れもあるので，フィルタの定期的な清掃，交換などのメンテナンスの徹底が必要である。また，空調機冷水コイル表面やダクト内も真菌増殖の好条件となっている[45)-47)]。定期的に空調機内，ダクト内の点検を行い，場合によって機器，ダクトのクリーニングを実施する必要がある。

教室内で加湿器を使用する場合，加湿器の水に真菌や細菌が繁殖してしまうおそれがあるので，貯水槽の洗浄と水の入れ替えを頻繁に行うことが重要である。

また風乾式手指乾燥機の吹き出し空気に多くのバチルス，ブドウ球菌，真菌等が検出されるとの報告がある[48]。トイレ洗面所に風乾式手指乾燥機を設置している場合，空気吸い込み口のフィルタや機器内部を定期的に清掃する必要がある。

d. カーペットなどの定期的，効果的な清掃[49]

カーペットを敷いている教室では定期的に効果的な床清掃を行う必要がある。食べカスや髪の毛，フケがカーペットにたまっていると，真菌，ダニが増殖しやすくなる。教室では週に2回以上，カーペット1m^2当たり20秒ほど掃除機をかければ，このような栄養素が除去され，真菌の増殖，ダニアレルゲンの滞留を防げる。また集塵袋付きタイプの掃除機でカーペット掃除を行う場合には，吸引力を低下させないよう，常に新しい集塵袋を装填してから取り掛かる。さらに壁際，椅

子，机，本棚の陰に隠れた部分にも忘れず掛けることによって掃除効果を高める。

e. 教室掃除時や休憩時間帯の窓開け

教室掃除など活動時は生徒からも床堆積塵からも細菌や真菌，ダニアレルゲンなどの大量発生と舞い上がりが考えられる[50]。また，休憩時間帯では生徒の活動によって教室内の微生物濃度が授業中より数倍も高くなる測定結果がある。図-5.8.5 にRC造で防音構造，空調設備を有する教室内での測定結果を示す[51]。微生物の汚染防止だけでなく教室内の二酸化炭素濃度，有害化学物質濃度の低減のためにも休憩時間帯や，掃除時は教室の窓開けを推奨する。

f. 集団感染の防止

教室では感染症の集団感染の危険性が高い。冬季になると，小中学校ではインフルエンザでしばしば学級閉鎖（2割以上の生徒が発症の場合）が報道される。インフルエンザ流行期には感染拡大予防の観点から，前述の相対湿度管理のほか体調の悪い生徒を無理に登校させず，休養して症状が回復してから登校させることが集団感染を防ぐには有効と思われる。また近年増加傾向の結核症の集団感染防止についても発症生徒の早期発見に努めるとともに予防対策として換気希釈，空気清浄機による教室内の浮遊微生物の除去が有効と思われる。

なお，柔道部員の頭部白癬の集団感染報告がある。予防策としては学校の柔道場の掃除をよくし，練習着の共用を避け，真菌の検査，練習後にすぐシャワーを浴びるなどが挙げられる[52]。

5.8.4 病　　　　院

(1) 病院での維持管理の一般的留意事項

病院での維持管理上の対策を考えるにあたって，病院での微生物の主な発生源を考えることが基本である。発生源としては，先述したように，(a) 外気，(b) 外来患者ならびに訪問者，(c) 入院患者ならびに病院従事者，(d) 什器・設備が考えられる。

a. 外気中には，微生物が大量に浮遊する。真菌では好湿性が多いとされている。ビル冷却塔から飛沫伝播したレジオネラ感染症は室内微生物汚染の典型例の一つである。カビやその胞子，ダニの虫体破片や排泄物，外気取入れによる花粉などが空中に浮遊し，吸入するとアレルギー症状を起こすことがあり，易感染患者にとってその症状は深刻である。外気処理の維持管理の役割は大きい。

b. ヒト由来微生物としては細菌が多い。とくに着衣には乾性ならびに耐乾性の微生物が多く存在するとされている。その他に，病院では外来患者のもたらす病原性微生物を考える必要がある。そのため，外来患者ならびに訪問者の立ち入り制限

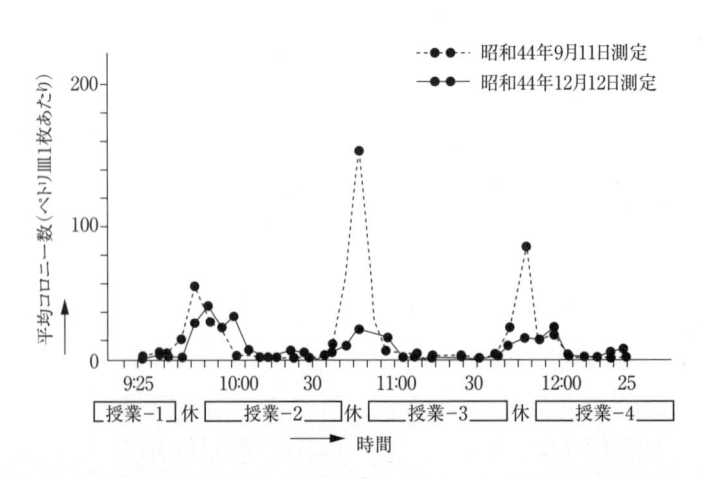

図-5.8.5　教室内の落下総菌数(cfu/皿・5分間)[51]（トリプトソーヤ寒天培地，37℃・48時間培養）

などの維持管理は大切である。その際，簡単なモニターやセンシングシステムの活用を考えることは有意義である。

c. 同様に，入院患者の病衣ならびに病院従事者の作業衣の衛生管理は重要である。

d. 「くしゃみ」，「咳」，「発声」に伴い，インフルエンザウイルス，結核菌，麻疹ウイルスなどが飛沫し，感染を起こす可能性が指摘され，ゾーニングの徹底管理の役割は大きい。

e. 病院では一般に患者が接触した便器，ベッド，椅子などに微生物が生残する可能性がある。院内感染を空気感染と接触感染とに分けると，接触感染の割合の多いことが報告されている。院内感染対策には設計もさることながら維持管理の役割がきわめて大きい。

f. 一般の健康な人にとっては問題にならない非病原性微生物による日和見感染の発生など，抵抗力の弱い患者の存在する病院では，非病原性微生物を含めた環境微生物全体に対して格別な注意が必要である。

g. 伝染病は，人に容易に移る病気，すなわちその毒性産物が病原巣から感受性を持つ宿主に伝播されて起こる疾病をさし，隔離など特別な処置を必要とすることが多い。その伝播経路には感染している人または動物から直接もたらされる経路と，中間的な植物または動物宿主，媒介動物，無生物環境を通じて間接的にもたらされる経路とがあることを十分理解しておくことは病院の運転管理上必要である。

h. 疾病の季節変動は病院の維持管理に参考になると考えられる。夏季には消化器系と肝臓に関する疾病が多くなり，一方，冬季には循環器系と呼吸器系に関する疾病，すなわち血圧上昇，心筋梗塞などの心臓病が多くなる。また，冬季には「かぜ」をはじめ肺炎，気管支炎など増加する。咽頭の粘膜，温度低下，皮膚血管収縮反応と同期した血管収縮反応が起こり，抵抗力が低下する。インフルエンザウイルスは相対湿度50％以上になると急速に不活化し，相対湿度30％が至適とされ

る。相対湿度20～35％で，1日生存率は10％である。宿主の人間側では，低湿度条件下において粘膜上皮細胞の線毛運動が不活発となり，症状が一層深刻化する[53]。

(2) 維持管理の学会規準[54]

a. 手術室

バイオクリーン手術室：微生物 0.01（cfu/L）以下
一般手術室：微生物 0.2（cfu/L）以下
手術配盤室：微生物 0.2（cfu/L）以下

b. 病室

バイオクリーン病室：微生物 0.01（cfu/L）以下
未熟児室：微生物 0.2（cfu/L）以下)
通常新生児室：微生物 0.5（cfu/L）以下
一般病室：微生物 0.5（cfu/L）以下

c. 診察室

NICU：微生物 0.2（cfu/L）以下
ICU（CCU）：微生物 0.2（cfu/L）以下
特殊検査・治療室：微生物 0.2（cfu/L）以下
一般診療室：微生物 0.5（cfu/L）以下
物理療法室：微生物 0.5（cfu/L）以下

d. 待合室

待合室：微生物 0.5（cfu/L）以下

微生物汚染は，細菌，真菌，ウイルスからなるが，上記の微生物の濃度は，従来より測定法が一般化されている浮遊細菌と真菌を念頭においたものである。

現状の衛生管理条件のもとで得られた病院の測定報告は，浮遊真菌に対して浮遊細菌が圧倒的に多いことを示している。したがって，ここでの規準値は浮遊細菌濃度を指標にしたものと解釈することができる。

なお，病院における入院患者・外来患者は健康上とくに考慮を必要とする方々である。そのための具体的な事項について，第7章を参考にしていただきたい。

5.8.5 食品工場

食材は食品工場に搬入される以前にその食材を好む微生物がすでに付着していると判断して対策

する。微生物は適した食材に付着して，調理加工の際に水を補給され増殖する条件が満たされている。食品工場は微生物汚染には最高の条件が揃い，食品の微生物による腐敗は食品を感染経路とした感染症や食中毒の原因にもなる。したがって，食品工場では日常的に微生物の検査，工場内の清掃，室内空気や水質の管理や微生物の制御が必要である。すなわち後述するHACCPによる管理方式が基本になる。

(1) 微生物検査

食品工場では取り扱う食材によって汚染微生物が大きく異なる。一般には落下菌数を測定することによって微生物汚染のレベルを判断している。細菌は落下しやすい傾向があるためおよその予測はできるが，真菌類は大変浮遊しやすく落下しにくい。したがって，空中浮遊菌をエアーサンプラーで採取して生菌数を計数することが望ましい。その測定は工場が稼動しているときに実施する。しかし，その結果は2～5日後でなくては判断できない。即時判断できないと微生物汚染した食品が市場に出ることになる。したがって，室内空気の浮遊粒子を常時測定して室内空気の監視をする必要がある。室内の床や壁や天井，作業台や食品加工用の機器類，排水トラップや排水溝の付着菌の測定も就業の前後に実施する必要がある。とくに作業台の裏面など手で握る機会が多いが目視で判断しにくい場所の付着菌の測定は重要である。付着菌の測定をスタンプ方式で培地を直接調査対象に用いた場合は調査後だたちに培地の除去と殺菌をしなければならない。

(2) 清　掃

微生物検査で汚染の多い場所，無菌室や清潔作業区域は工場の就業後に室内清掃を必ず実施しなければならない。食材が残留した場合，微生物は30分程度でその生息数が倍加する。食材は周辺に付着しやすいためよく水洗して，殺菌後乾燥しなければならない。加工機器類は分解洗浄しなければならない。とくに洗浄後に排水トラップや排水溝の洗浄，殺菌，乾燥は重要である。洗浄作業は予備水洗，洗剤を用いた洗浄，すすぎ，殺菌の工程とブラッシング，水ガン，蒸気ガンや超音波などがある。洗剤にはアルカリ性洗剤，中性洗剤，酸性洗剤殺菌性洗剤などがある[55]。加工機器の洗浄では機器を分解することなく高温高濃度の洗浄剤で食品と接触する面を洗浄するCleaning in place (CIP) 装置がある[56]。

(3) 微生物制御

水洗後の微生物の殺菌消毒は一般的に0.1～1％の次亜塩素酸ナトリウムの水溶液が用いられる。次亜塩素酸ナトリウムは水道水にも0.1 mg/L以上含まれている。また殺菌剤として食品添加物に登録されている。しかし，内装や加工機器類の腐食の原因にもなるため直接食品に触れる場所の場合は水洗等で除去する必要がある。また，内装建材が次亜塩素酸に腐食しにくいものを選ぶ必要がある。アルコールは真菌類には有効でない場合があるため頼らないほうがよい。他の殺菌剤は食品への混入を考慮して使用には十分注意したほうがよい。他の殺菌剤としてはオゾン，過酸化水素水などが除去しやすい。洗浄殺菌して乾燥後は殺菌灯で室内殺菌する。無菌室などではHEPAフィルタを用いた空気滅菌が必要になる。

(4) 微生物調査の要点

食品工場の微生物汚染調査には日常の工場内の管理体制が重要である。それは食品加工に関する危害分析と重要点管理方式HACCP (Hazard Analysis Critical Control Point) に基づく食品の総合衛生管理製造過程制度である[57]。食品材料は新鮮で安全なものを用いることが重要であるが，食材の今日までの危害分析(HA)を行い，腐敗させやすい微生物や混入しやすい毒素が存在しているという前提に基づいて，微生物や毒を完全に除く重要管理点監視(CCP)を実施後，二次汚染を防止するために無菌室で包装して消費者が利用するまで食品の安全性を保障するシステムである。重要管理点監視は常時モニタリングして安全性を確保しなくてはならない。CCPから包装の工程での微生物や毒素の二次汚染が発生しないように温

湿度，時間，調理加工環境とこれらの自動測定が必須となる。工程で重要な微生物管理の重要点はCCP工程の滅菌設定温度と時間の保障，冷却不足による食材や製品の微生物増殖，調理加工機器の洗浄殺菌方法の徹底，製品取扱いに対する作業者の衛生管理教育の徹底，手洗い・作業靴の殺菌の徹底，空調施設の清掃やフィルタなどに付着した汚染微生物の殺菌が重要になる。

(5) 食品工場の多様性

取り扱う食材や製品の多様性はさまざまな食品工場と微生物に対する衛生管理方法の多様性が生じる。代表的な食品工場としてはインストアーバックヤードとパックセンター，生鮮加工品とパックヤードセンター，惣菜寿司加工，インストアーベーカリーとパン等消費者に直接提供される最終製品であるが加工後殺菌工程がない加工工場。生鮮魚介類，生鮮食肉類，カット野菜等生鮮食品工場。牛乳，豆腐，漬物，米飯，弁当惣菜生洋菓子など日配品。チルド・冷凍食品，常温流通食品，調理冷凍食品を製造する工場がある。

a. インストアーバックヤードとパックセンター[58]

食品スーパーにおけるインストアバックヤードでは水産食品・農産食品・畜産食品・米飯・惣菜・インストアパン製造と多岐にわたっているが，搬入食材はすでに下処理された業務用包装製品である。作業はこれら製品のスライス・トッピング・小分け包装である。したがって，工場内での微生物による二次汚染対策が問題となる。室内の温度管理・空気質管理，加工機械設備のサニテーション，これら以外に持ち込まれる食品包装材やラベル等の管理等，作業者による衛生管理が多きく影響する。

b. 生鮮加工品とパックヤードセンター[59]

鮮魚・生肉などは加熱処理されることなくカットやスライス，包装が主体になるため，準清潔作業区域や清潔作業区域として，食材も作業者も動線を守ることが重要である。魚介類は発泡スチロール内に氷冷されているため温度管理はよいが，市場や輸送中に包装容器の外面は微生物汚染が大きいので作業区域内の作業台や床面のサニテーションが重要になる。魚介類は下処理で発生する鱗や内臓，まな板，包丁，ふきんの衛生管理として包丁用の殺菌ボックス，まな板用の保管冷蔵庫，ふきん用の次亜塩素酸水溶液の水槽が重要になる。生肉は包装された状態で搬入されるが，室温放置による温度管理に注意しなければならない。また，加工による肉片の飛散や付着に対する洗浄殺菌，水洗殺菌が可能なドライ床，配水系，室温の管理，作業者由来の微生物の二次汚染防止が重要になる。

c. 惣菜・寿司加工[60]

弁当および惣菜の衛生規範では製造現場での微生物数が規定されている。細菌の場合は標準寒天培地で5分間曝露後35℃48時間培養による落下菌の生菌数/64cm^{2}が汚染作業区域で100 cfu以下，準清潔作業区域では50 cfu以下，清潔作業区域では30 cfu以下。真菌の場合PDA寒天培地で20分間曝露後23℃，7日間培養による落下菌の生菌数が清潔作業区域で10 cfu以下。惣菜・寿司加工食品は消費者がそのまま喫食するため製品の微生物汚染による影響は大きい。調理加工現場での微生物における二次汚染の要因は食材の不適当な温度管理や取扱時間，手や器具類の消毒，包装容器へ詰める際の食品の温度などが問題となる。

d. インストアーベーカリーとパン[61]

設置場所が狭いのが現状であるため整理と衛生が重要である。とくに調理パンにおける生野菜類の取扱いに関する器具類や手の消毒・衛生管理，空気管理が重要になる。

e. 生鮮魚介類[62]

沿岸魚の場合漁獲直後で体表付近の細菌数は$10^3 \sim 10^5$cfu/g，消化管内では内容物中の細菌数は$10^3 \sim 10^8$cfu/gである場合が多い。魚介類の下処理や室内の消毒衛生管理はHACCPの手法で改善する必要がある。

f. 生鮮食肉類[63]

屠殺後の枝肉にはウェルシュ菌（*Clostridium perfringens*）が増殖しやすい。生肉の処理はクラ

ス10 000の無菌室が，照明も400 Lux以上必要，工程は一方通行で，洗浄はタンパク質・脂質による汚染が多いため40℃の温水で洗い流したあと，アルカリ洗剤・塩素化アルカリ洗剤で洗浄する。洗浄しにくい設備はフォーミング洗浄を実施する。洗浄後は熱湯（76.5℃以上）洗浄後200 mg/L程度の次亜塩素酸ナトリウム水溶液や最後に70％エタノール水溶液で殺菌すると効果的である。

g. カット野菜等生鮮食品工場[64]

野菜はカットされた後に成分の分解や微生物の増殖が進行する。その進行速度は5℃以下で抑制され，1℃が良好な結果を示している。米国におけるカット野菜工場の温度・処理水とも1℃であるらしい。

h. 牛　乳[65]

加熱滅菌後の微生物の二次汚染の対策が牛乳のような腐敗しやすい食品の場合重要になる。したがって製造工程のサニテーションや環境整備が重要になる。加熱後の製造ラインのパイプライン，タンク，コック，機械器具の定置洗浄（CIP）と付着物の除去，殺菌剤や蒸気による殺菌洗浄，滅菌が十分にできるような環境設定が重要である。

i. 豆　腐[66]

大豆は栄養価の高い食品であるため枯草菌など微生物で腐敗しやすい，その上に豆腐は水分活性も高く，水の中で凝集させるため水質も大きな問題である。室内も水を多用と加熱釜からの水蒸気発生も多い。製造設備，浸漬槽・磨砕機・加熱釜・おから分離機・凝固装置・成型箱・水槽はフォーム洗浄，ポンプ・配管はCIP洗浄で界面活性剤を添加したアルカリによる自動洗浄が好ましい。充填豆腐は5℃で保存することが重要である。

j. 漬　物[67]

漬物の製造工程には衛生規範が規定されている。pH4.5以上の製品の製造現場での直径9cmペトリ皿での落下菌数は汚染作業区域では細菌100 cfu以下，非汚染区域では細菌が100 cfu以下，清潔作業区域では細菌が50 cfu以下，真菌が10 cfu以下であることが好ましい。

k. 米　飯[68]

米飯の製造工程は微生物汚染からみると保管庫は汚染度が高く乾燥しているため粉塵として空気質を汚染しやすい。炊飯工程はCCPであるが米飯は水分活性が増大して微生物の二次汚染に対して弱い。炊飯時は排出する蒸気管理，炊飯後は冷却工程があり，空冷の場合はパンチングベルト上を移動しながらHEPAフィルタを通した空気で冷却される。このパンチングベルトは清掃が重要である。また，米飯のおにぎりなどへの成型機は食材が付着して微生物増殖の原因になる。機器の洗浄は部品洗浄機や自動洗浄装置の設置が必要である。

l. 生菓子[69]

生菓子は喫食時に加熱滅菌しないため微生物汚染の抑制は重要な課題である。製造現場の空中浮遊菌と機械器具の付着菌が問題となる。生洋菓子の製造には衛生規範がある。落下菌細菌で汚染作業区域では100 cfu以下，準汚染作業区域では50 cfu以下，清潔作業区域では30 cfu以下。真菌では清潔作業区域で10 cfu以下に規定されている。空中浮遊菌に関して内藤はオゾンで室内を殺菌したところ大腸菌群と酵母は著しく減少したが糸状菌類は効果が低かったことを報告している[70]。

5.8.6　医薬品と化粧品工場

製造環境にみる微生物が原因となり製品を汚染する事故は，消費者に信頼を失うばかりか，生産する側においても製品の価値を失い回収廃棄せざるを得ない結果となる。医薬品が消費者にとってあってはならない1つに，環境微生物により健康被害を被ることがあげられ，そのためにも製造環境での微生物による汚染はけっしてあってはならない。しかしながら，今まで医薬品や化粧品等での微生物事故例はけっしてなくなったわけではない。

ここでは，製造環境にみる微生物とその制御の観点に立って，今までの微生物事故事例をとりあげ，その原因となった微生物について生態と汚染

要因について考え，さらに環境微生物の汚染にかかわるさまざまな生物学的な問題点にふれ，制御の重要性を述べてみたい。

(1) 医薬品での微生物汚染事例

医薬品や化粧品での微生物汚染が社会的に問題となったのはスウェーデンで医薬品の微生物汚染による感染事例が報告されたことに端を発している(Kallingsら，1966年)。すなわち，微生物汚染した甲状腺製剤を使用したうちの200人が感染し，そこから原因菌としてSalmonellaが検出される事件が発生した。また，Kallingsらの報告を受け，市場での医薬品や原料の微生物検査が進められ，種々の錠剤や軟膏などでの微生物汚染が確認されてきた。各国における医薬品での微生物汚染の文献調査を倉田らがまとめている。また医薬品での微生物汚染について横山らが昭和50年から平成2年にかけて調査している。

(2) 医薬品にみる微生物汚染要因

医薬品への微生物汚染を及ぼす環境や基質として大気(室内・室外)，水，施設設備，機器，包装材料，ダスト，土壌，医薬品原料，ヒト(作業者)，着衣が挙げられる。これら環境や基質にみる微生物について箇条書きにまとめた。

① 大気中には細菌・真菌が浮遊する。真菌では好湿性が多い。室内と室外では菌叢が異なる。
② 水系微生物として細菌より真菌が多い。本来生活の場としての水生真菌は大気中では生存しがたい。
③ 施設での微生物は作業工程環境や設備管理状態に大きく影響を受ける。
  機器には原料に起因する微生物が多く生残している。
④ ダストや土壌には1gあたり10^{5-8}の微生物が生息する。
⑤ 医薬品原料には植物および鉱物由来の微生物が多い。真菌には鉱物好性の特殊な種類が多い。
⑥ ヒト(作業者)由来微生物には細菌が多い。
⑦ 着衣には比較的乾性～耐乾性の微生物が多い。

(3) 製造環境にみる微生物

製造環境から検出される微生物のうち，真菌をみると，真菌に属すカビと酵母では汚染源となる要因が異なる。前者では，大気，ダスト，土壌，ヒト(作業者)，原料，後者では，大気，水系が強く関与する。

(4) 微生物による汚染

製造環境で微生物が汚染するためには温度，水分活性が強く関与する（**図-5.8.6**）。

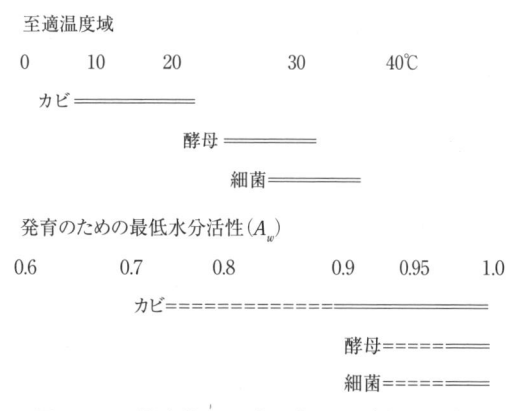

至適温度域

```
0      10      20           30       40℃
カビ ═══════════
      酵母══════════
        細菌══════════
```

発育のための最低水分活性(A_w)

```
0.6      0.7      0.8      0.9   0.95   1.0
カビ ═════════════════
              酵母══════════
                細菌══════════
```

図-5.8.6 微生物の至適温度および水分活性域

◎引用文献

5.1-5.6

1) 日本建築学会：微生物による室内空気汚染に関する設計・維持管理基準・同解説(日本建築学会環境基準 AIJES-A002-2005)，2005
2) ISO14698-1：2003, Cleanrooms and associated controlled environments—Biocontamination control, Part 1：General principles and methods
3) JIS B 9918-1：2008，クリーンルーム及び関連制御環境―微生物汚染制御―第1部：一般原則及び基本的な方法
4) ISO 14698-2：2003, Cleanrooms and associated controlled environments—Biocontamination control, Part 2：Evaluation and interpretation of biocontamination data
5) JIS B 9918-2：2008，クリーンルーム及び関連制御環境―微生物汚染制御―第2部：微生物汚染データの評価

5.7.3

6) 簱谷広司，伊木繁雄，長野秀樹，横山真太郎：呼吸器系ウイルスと社会的活動への影響―インフルエンザウイルスを中心として―，人間と生活環境，Vol.11, No.1, pp.3-7, 2004

7) 新聞記事：昔は小学校卒業時には完治，小児ぜんそく治りにくく，南福岡病院分析結果，大気汚染が影響か，日本経済新聞，2001.11.1

8) 白木祐美，早田名保美，廣瀬伸良，比留間政太郎：某大学柔道部のTrichophyton tonsurans感染症の集団検診結果とその対策，Jpn.J.Med.Mycol.(真菌誌)，Vol.45，No.1，pp.7-12，2004

9) 菅原文子：建材上のカビと結露によるカビ増殖，防菌防黴，Vol.21，No.1，pp.49-54，1993

10) 福島明，入江雄司：寒冷地におけるRC造集合住宅の押入内隅角部及びじゅうたん下の温湿度環境実態と断熱・換気の仕様が及ぼす影響，日本建築学会計画系論文報告集，No.495，pp.37-43，1997

11) 菅原文子：建材上のカビの成長速度に与える温湿度の影響，日本建築学会計画系論文報告集，No.441，pp.80-84，1992

12) 湯懐鵬，吉澤晋：建築環境における真菌汚染の防止に関する研究(その1)，日本建築学会計画系論文報告集，No.463，pp.39-46，1994

13) 池田耕一，射場本忠彦，坪田祐二，小松俊彦，斎藤学，中山幹男，斎藤恵子，山寺静子，木ノ本雅通：低湿度室内におけるウイルス活性に関する研究，空気調和・衛生工学会学術講演会講演論文集，pp.1901-1904，2003

14) 厚生省生活衛生局快適居住環境研究会監修：快適で健康的な住宅に関するガイドライン，一快適で健康的な居住環境を実現するために一，ぎょうせい，pp.3-34，1999

15) 菅原文子：床塵埃中のカビとダニアレルゲン量，第1報 集合住宅の場合，日本建築学会計画系論文報告集，No.448，pp.85-90，1993

16) 菅原文子，諸岡信久，宮沢博：塵埃中のダニアレルゲン，カビコロニー数のソウル市(韓国)と郡山市(日本)の比較，日本建築学会計画系論文集，No.482，pp.35-42，1996

17) 吉川翠：家屋内生息性ダニ類の生態および防除に関する研究(4)，家屋害虫，Vol.15，No.1，pp.21-32，1993

18) 藤野美菜，岩田利枝，望月悦子，宮沢博：都内保育園における真菌・ダニアレルゲン量による空気汚染の実態調査，日本建築学会環境系論文集，No.609，pp.47-53，2006

19) 小峯裕己，荒井卓也，長谷川永：住宅室内のカビ汚染と防止に関する研究，(その2)換気による室内カビ汚染防止に関する実証調査，日本建築学会計画系論文報告集，No.495，pp.69-76，1997

20) 正田，吉澤，菅原，川上：人体からの浮遊微生物発生量，日本建築学会昭和51年度関東支部研究報告集，pp.45-48，1976

21) 日本建築学会：微生物による室内空気汚染に関する設計・維持管理規準・同解説(日本建築学会環境基準AIJES-A002-2005)，p.19，丸善，2005

22) 湯懐鵬，小林徳和，森本正一，木村文夫：空気清浄機による室内空気中粒子状，ガス状汚染物質の除去効果，空気調和・衛生工学会学術講演会講演論文集，pp.1165-1168，2003

23) 小竿真一郎：空調設備と室内汚染防止に関する研究，日本建築学会大会学術講演梗概集，pp.1209-1210，1987

24) 菅原文子，諸岡信久：空調ダクト内の微生物汚染，日本建築学会計画系論文集，No.493，pp.55-60，1997

25) 柳宇，池田耕一：空調システムにおける微生物汚染の実態と対策に関する研究，第1報 微生物の生育環境と汚染実態，日本建築学会環境系論文集，No.593，pp.49-56，2005

26) 大崎能伸，古谷野伸，橘峰二，黒木政子，吉田逸郎，伊藤喜久：Bacillus cereusによるアウトブレイクの対策，第22回日本環境感染学会総会プログラム・抄録集，p.97，2007

5.7.4

27) 日本建築学会編：微生物による室内空気汚染に関する設計・維持管理規準・同解説(日本建築学会環境基準AIJES-A002-2005)，丸善，2005

28) 加地正郎：かぜ・ウイルス・人，西日本新聞社，1989

29) 柳宇，塩津弥佳，池田耕一，松村年朗：総合病院内黄色ブドウ球菌汚染の実態，日本建築学会大会学術講演梗概集(東海)環境工学Ⅱ，pp.837-838，2003

30) 勝井則明，喜多英二，中田春男，浅田祥司，加藤信行：Wash-out法に基づく超音波加湿器の微生物汚染防止，空気調和・衛生工学会学術講演会講演論文集，pp.1149-1152，1991

31) 竹内和夫，松本淳，須藤尚義，菱山仁，斉藤勝，長良健次：空調設備における加湿水の微生物汚染および空中浮遊菌に関する調査研究，空気調和・衛生工学会論文集，No.25，pp.1-7，1984

32) 塩崎一紀，旗谷広司，嶋倉一實，横山真太郎：都市公共施設における室内微生物汚染の対策に関する研究，空気調和・衛生工学会大会学術講演論文集，pp.1633-1636，2005

33) 塩崎一紀，奥邨大輔，伊木繁雄，長野秀樹，嶋倉一實，横山真太郎：インフルエンザウイルス感染防止システム開発のための基礎的研究，空気調和・衛生工学会北海道支部学術講演論文集，pp.1-4，2007

34) 奥邨大輔，塩崎一紀，三田村隆，菅野幸雄，嶋倉一實，横山真太郎：医療福祉施設における室内微生物汚染の制御に関する研究，空気調和・衛生工学会北海道支部学術講演論文集，pp.5-8，2007

5.8.2

35) 柳宇ら：オフィスビルにおける浮遊微生物の挙動に関する研究，2006年日本建築学会大会講演梗概集，893-4，2006

36) 柳宇，山田花菜，池田耕一：エアフィルタによる細菌と真菌の捕集特性に関する研究(その1)捕集率の経時変化，第24回空気清浄とコンタミネーションコントロール研究大会予稿集，pp.60-62，2006

37) 柳宇，池田耕一：空調システムにおける微生物汚染の実態と対策に関する研究—第1報 微生物の生育環境と汚染実態，日本建築学会計画系論文集，第593号，pp.49-56，2005

38) 柳宇，三浦邦夫，入江建久，池田耕一：空調用ダクト内付着粒子状物質の挙動と制御に関する研究，空気調和・衛生工学会論文集，No.86，pp.97-105，2002

5.8.3

39) 正田，吉澤，菅原，川上：人体からの浮遊微生物発生

量，日本建築学会昭和51年度関東支部研究報告集，pp.45-48，1976

40) 菅原文子，吉澤晋：人体からの微生物発生量，日本建築学会大会学術講演梗概集，pp.339-340，1981

41) 正田浩三，垣鍔直，杖先寿里：人体からの浮遊粉塵，微生物発生量に関する研究，日本建築学会環境系論文集，No.612，pp.59-65，2007

42) 日本建築学会：微生物による室内空気汚染に関する設計・維持管理規準・同解説(日本建築学会環境基準AIJES-A002-2005)，p.25，丸善，2005

43) 池田耕一，射場本忠彦，坪田祐二，小松俊彦，斎藤学，中山幹男，斎藤恵子，山寺静子，木ノ本雅通：低湿度室内におけるウイルス活性に関する研究，空気調和・衛生工学会学術講演会講演論文集，pp.1901-1904，2003

44) 厚生省生活衛生局快適居住環境研究会監修：快適で健康的な住宅に関するガイドライン—快適で健康的な居住環境を実現するために—，ぎょうせい，pp.3-34，1999

45) 小竿真一郎：空調設備と室内汚染防止に関する研究，日本建築学会大会学術講演梗概集，pp.1209-1210，1987

46) 菅原文子，諸岡信久：空調ダクト内の微生物汚染，日本建築学会計画系論文報告集，No.493，pp.99-104，1997

47) 柳宇：空調システムにおける微生物汚染の実態と対策に関する研究，博士学位論文(私家版)，2005

48) 林俊治，森澤雄司，高岡恵美子，平井義一：風乾式手指乾燥機の細菌学的検討，第22回日本環境感染学会総会プログラム・抄録集，p.324，2007

49) http://www.hdc.co.jp/cleaning/cleaning.html

50) 麻生典昭，湯懐鵬，吉澤晋：床面からの粉じんの挙動，第11回空気清浄とコンタミネーションコントロール研究大会予稿集，pp.109-112，1992

51) 本田えり：わが国における空中浮遊菌・落下菌の実測資料，空気清浄，Vol.10，No.7，pp.11-32，1973

52) 白木祐美，早田名保美，廣瀬伸良，比留間政太郎：某大学柔道部のTrichophyton tonsurans感染症の集団検診結果とその対策，Jpn.J.Med.Mycol.(真菌誌)，Vol.45，No.1，pp.7-12，2004

5.8.4

53) 加地正郎：かぜ・ウイルス・人，西日本新聞社，福岡，1989

54) 日本建築学会編：微生物による室内空気汚染に関する設計・維持管理規準・同解説(日本建築学会環境基準AIJES-A002-2005)，丸善，2005

5.8.5

55) 井上哲秀：食品工場のサニテーション・テクノロジー講座，食品工場のサニテーションにおける洗浄技術，1)洗浄の基礎理論，防菌防黴，22，pp.617-624，1994

56) 斎藤勝男：殺菌・除菌ハンドブック，サイエンスフォーラム，pp.242-259，1985

57) 横山理雄：HACCP方式による食品の腐敗変敗防止対策，食品の腐敗変敗防止対策ハンドブック，pp.111-119，1996

58) 日佐和夫：インストアーバックヤードとパックセンター，食品の腐敗変敗防止対策ハンドブック，pp.143-147，1996

59) 美野朋隆：生鮮加工品における腐敗変敗とその予防，食品の腐敗変敗防止対策ハンドブック，pp.149-152，1996

60) 長谷川進：惣菜寿司における腐敗変敗とその予防，食品の腐敗変敗防止対策ハンドブック，pp.159-169，1996

61) 石黒厚：インストアーベーカリーとパンにおける腐敗変敗とその予防，食品の腐敗変敗防止対策ハンドブック，pp.174-179，1996

62) 木村凡：生鮮魚介類，食品の腐敗変敗防止対策ハンドブック，pp.174-179，1996

63) 井口守：生鮮食肉類，食品の腐敗変敗防止対策ハンドブック，pp.194-200，1996

64) 山下市二：食品の腐敗変敗防止対策ハンドブック，pp.213-450，1996

65) 中島敏雄：牛乳，食品の腐敗変敗防止対策ハンドブック，pp.213-450，1996

66) 日佐和夫：豆腐，食品の腐敗変敗防止対策ハンドブック，pp.213-450，1996

67) 宮尾茂雄：漬物，食品の腐敗変敗防止対策ハンドブック，pp.213-450，1996

68) 天野史郎：米飯，食品の腐敗変敗防止対策ハンドブック，pp.213-450，1996

69) 早川幸男：生菓子，食品の腐敗変敗防止対策ハンドブック，pp.213-450，1996

70) 内藤茂三：防菌防黴，17，483，1989

◎参考文献

5.7.2

[1] CDC & NIOSH : Guidance for Protecting Building Environments from Airborne Chemical, Biological, or Radiological Attacks, 2002

[2] 柳宇，山田花菜，池田耕一：エアフィルタによる細菌と真菌の捕集特性に関する研究(その1)捕集率の経時変化，第24回空気清浄とコンタミネーションコントロール研究大会予稿集，pp.60-62，2006

[3] ビル管理教育センター：室内空気中の微生物汚染に関する調査研究(平成12年度厚生科学研究補助金—生活安全総合研究事業)，2001

[4] Wilkins,K., Nielsen,E.M. and Wolkoff,P.: Patterns in volatile organic compounds in dust from moldy buildings, Indoor Air, 7, pp.128-134, 1997

[5] ダクト系にみる実態と清掃管理，NDC，Vol.2，p.9，1992

[6] 大廻和彦，竹内黎明，大塚佑子，松岡隆介，山崎省二：空調ダクト内粉塵中の微生物量(その1)，第16回空気清浄とコンタミネーションコントロール研究大会予稿集，pp.379-380，1998

[7] 佐藤泰仁ら：空調ダクト内堆積粉じんの性状について，東京都立衛生研究所研究年報(1982別冊33，1984年別冊35，1987年別冊38)

[8] 菅原文子，諸岡信久：空調機ダクト内の微生物，日本建築学会計画系論文集第493号，pp.55-60，1997

[9] 空調ダクト内汚染研究会：浮遊粉塵濃度をさぐる(3)，ビ

ルメンテナンス87年12月号, pp.75-79, 1987

[10] 柳宇, 三浦邦夫, 入江建久, 池田耕一：空調用ダクト内付着粒子状物質の挙動と制御に関する研究, 空気調和・衛生工学会論文集, No.86, pp.97-105, 2002

5.7.3

[11] 日本建築学会：微生物による室内空気汚染に関する設計・維持管理規準・同解説（日本建築学会環境基準AIJES-A002-2005）, 丸善, 2005

[12] 厚生省生活衛生局快適居住環境研究会監修：快適で健康的な住宅に関するガイドライン―快適で健康的な居住環境を実現するために―, ぎょうせい, 1999

[13] 文部科学省：学校環境衛生の基準, 2004.2.10改訂

5.7.4

[14] 日本建築学会編：微生物による室内空気汚染に関する設計・維持管理規準・同解説（日本建築学会環境基準AIJES-A002-2005）, 丸善, 2005

[15] American Hospital Association：Hospital Engineering Handbook. American Hospital Association, Chicago, 1974

[16] 池田耕一：室内空気汚染のメカニズム, 鹿島出版会, 1992

[17] 日本空気清浄協会編：コンタミネーションコントロール便覧, オーム社, 1996

[18] 日本病院設備協会：日本病院設備協会規格病院空調設備の設計・管理指針（HEAS-02-1998）, 1998

[19] 太田美智男：人はなぜ病院で感染するのか？―院内感染対策の現在―, 日本放送出版協会, 2003

[20] 山崎省二編：環境微生物の測定と評価, オーム社, 2001

[21] 横山真太郎：微生物。現代の空気調整工学（落藤澄編）, 朝倉書店, pp.75-77, 1996

[22] 空気調和・衛生工学会編：第13版 空気調和・衛生工学便覧6応用編, 空気調和・衛生工学会, 2001

5.7.6

[23] 日本建築学会編：微生物による室内空気汚染に関する設計・維持管理規準・同解説（日本建築学会環境基準AIJES-A002-2005）, 丸善, 2005

[24] Casewell,M.W., Desai,N. and Lease,J.E.：The use of the reuter centrifungal air sampler for the estimation of bacterial air counts in different hospital location. J. Hospital Infection, Vol.7, pp.250-260, 1986

[25] 三瀬勝利, 川村邦夫, 石関忠一：GMP微生物試験法 講談社サイエンテイフィック, 1992

[26] 宇田川俊一：フレグランスジャーナル, No.20, 1976

[27] 宮崎真紀, 佐藤修二, 谷孝之：防菌防黴, 24, 1999

[28] 池田耕一：室内空気汚染のメカニズム, 鹿島出版会, 1992

[29] 日本空気清浄協会編：コンタミネーションコントロール便覧, オーム社, 1996

[30] 山崎省二編：環境微生物の測定と評価, オーム社, 2001

[31] 吉沢晋：室内の空気環境調査と汚染源, 空気調和・衛生工学, 第52巻（第3号）, p.276, 1977

[32] 池田耕一：空調システムにおける微生物汚染の実態と対策に関する研究, 平成15-17年度科学研究費補助金（基盤研究(A)(2)）研究成果報告書, 2006

[33] 空気調和・衛生工学会編：第13版 空気調和・衛生工学便覧6応用編, 空気調和・衛生工学会, 2001

5.8.2

[34] Elixmann,J.H.：Fungi in fillers of air-conditioning-systems caused the building-related-illness, Proceeding of Indoor Air '90, Vol.1, pp.193-196, 1990

5.8.3

[35] 日本建築学会：微生物による室内空気汚染に関する設計・維持管理規準・同解説（日本建築学会環境基準AIJES-A002-2005）, 丸善, 2005

[36] 厚生省生活衛生局快適居住環境研究会監修：快適で健康的な住宅に関するガイドライン―快適で健康的な居住環境を実現するために―, ぎょうせい, 1999

5.8.4

[37] 日本建築学会編：微生物による室内空気汚染に関する設計・維持管理規準・同解説（日本建築学会環境基準AIJES-A002-2005）, 丸善, 2005

[38] American Hospital Association：Hospital Engineering Handbook.American Hospital Association, 1974

[39] 池田耕一：室内空気汚染のメカニズム, 鹿島出版会, 1992

[40] 日本空気清浄協会編：コンタミネーションコントロール便覧, オーム社, 1996

[41] 日本病院設備協会：日本病院設備協会規格病院空調設備の設計・管理指針（HEAS-02-1998）, 1998

[42] 太田美智男：人はなぜ病院で感染するのか？―院内感染対策の現在―, 日本放送出版協会, 2003

[43] 山崎省二編：環境微生物の測定と評価, オーム社, 2001

[44] 横山真太郎：微生物, 現代の空気調整工学（落藤澄編）, 朝倉書店, pp.75-77, 1996

[45] 空気調和・衛生工学会編：第13版 空気調和・衛生工学便覧6応用編, 空気調和・衛生工学会, 2001

5.8.6

[46] 柳宇, 山田花菜, 池田耕一：エアフィルタによる細菌と真菌の捕集特性に関する研究（その1）捕集率の経時変化, 第24回空気清浄とコンタミネーションコントロール研究大会予稿集, pp.60-62, 2006

[47] 柳宇, 池田耕一：空調システムにおける微生物汚染の実態と対策に関する研究―第1報 微生物の生育環境と汚染実態, 日本建築学会計画系論文集, 第593号, pp.49-56, 2005

[48] 日本建築学会編：微生物による室内空気汚染に関する設計・維持管理規準・同解説（日本建築学会環境基準AIJES-A002-2005）, 日本建築学会, 東京, 2005

[49] Casewell,M.W., Desai,N. and Lease,J.E.：The use of the reuter centrifungal air sampler for the estimation of bacterial air counts in different hospital location.J.Hospital Infection, Vol.7, pp.250-260, 1986

[50] 三瀬勝利, 川村邦夫, 石関忠一：GMP微生物試験法 講談社サイエンテイフィック, 1992

[51] 池田耕一：室内空気汚染のメカニズム, 鹿島出版会,

[52] 日本空気清浄協会編:コンタミネーションコントロール便覧,オーム社,1996
[53] 山崎省二編:環境微生物の測定と評価,オーム社,2001
[54] 吉沢晋:室内の空気環境調査と汚染源,空気調和・衛生工学,第52巻(第3号),p.276,1977
[55] 池田耕一:空調システムにおける微生物汚染の実態と対策に関する研究,平成15-17年度科学研究費補助金(基盤研究(A)(2))研究成果報告書,2006
[56] 空気調和・衛生工学会編:第13版 空気調和・衛生工学便覧6応用編,空気調和・衛生工学会,2001
[57] 髙鳥浩介:医薬品の製造環境における微生物制御及び異物等の制御対策に関するシンポジウム 環境管理技術研究会資料,2003

6

室内花粉濃度制御の方法

6.1 空中花粉の概要

空中に存在するアレルゲン粒子には植物の花粉によるものが多く存在する。

花粉が原因で起こるアレルギー疾患が花粉症である。その発症機序[1],[2]は，まず花粉が体内に侵入した後，その花粉中に含まれる抗原性物質（花粉アレルゲン）に対して生体内でIgE型抗体が産生され，肥満細胞や好塩基球表面に結合することから始まる（感作の成立）。次に花粉が侵入すると，このIgE型抗体と花粉アレルゲンとの抗原抗体反応が起こり，肥満細胞から多種類の化学伝達物質が放出され，さまざまな炎症反応（鼻症状や眼症状など）がひき起こされるという経過をたどる。

アレルギーは抗原や抗体，反応の起こる細胞や時間的経過などから4つの型に分類されるが，花粉症は即時型反応のなかのⅠ型アレルギー（アナフィラキシー反応）に分類される。

日本で花粉症の発症頻度が高い原因植物[1],[3]としては，スギ以外にヒノキ科，カバノキ科，イネ科，キク科のブタクサ属とヨモギ属などがあげられる。日本の花粉症の8割以上がスギ花粉症といわれ，また参考データの多さから，ここでは「スギ花粉粒子」について述べる。

6.1.1 スギ花粉アレルゲン粒子について

スギ花粉の主要アレルゲン（抗原）[4],[5],[6],[7]にはCry j 1，Cry j 2の2種類があり，糖タンパクであることが知られている。これらを保有する粒子として以下のものがあげられる。

① いわゆるスギ花粉として認識される粒子

大きさは直径約30μmで，ほぼ球形の粒子である。突出した1個の発芽孔（パピラ）がみられ，その先端がやや鉤状に曲がっているのが特徴である（図-6.1.1）。空中飛散の状態[8]は乾燥により変形し，発芽孔側がやや陥没した形をとると思われる。この花粉粒子は吸水により外壁が割れ，内容物が飛び出す。この花粉外壁（sexine）や花粉内部のgoldi体にはCry j 1が存在し，内壁（intine）の液胞内デンプン粒中にはCry j 2の存在が知られている。

図-6.1.1　スギ花粉

スギ花粉1個のCry j 1量はスギの木ごとに大きく異なり[9]，同一木でも年度による変動が報告[10]されているが，約6 pg程度[11],[12]として扱われることが多い。

球形スギ花粉の落下速度は3〜5 cm/s[4]といわれる。スギ花粉粒子の重量と体積から算出すると，落下速度：2〜3 cm/s，密度：0.7〜1.3程度との結果[13]が得られている。スギ花粉のサイズや重量には個体差があり，また

花粉の乾燥状態にも違いがあるため，この落下速度や密度には多少の変化があると考えられる。

② ユービッシュボディ（Ubisch body）

オービクル（orbicle）ともよばれる微粒子で，花粉表面の不規則な粒状付着物である。サイズは約0.5～0.6μm[6]でCry j 1が存在する。

③ 花粉の欠片など

花粉が吸水・破裂し，内容物が飛び出した後の花粉外壁やそのかけらなどがあげられる。

④ 花粉以外の浮遊粒子

飛び出した内容物により汚染された粒子など。

6.1.2 花粉源と飛散

花粉源となるのはスギの孤立木またはスギ林である。スギ雄花の開花には気温の上昇が影響を与えているため，花粉飛散数は気温との相関が高い[4]。また，湿度が低下するに従い飛散数は増加し[14),15]，風速が強くなれば多数の花粉が飛散する[15]。雄花から空中に放出された花粉は無風状態では大部分が短時間の内に地上に落下する[16]と考えられるが，風に乗った花粉は，高く舞い上がり，非常に遠方まで運ばれる[17]。大きなスギ林で雄花が一斉に開花し，花粉が飛散・移動する際には「花粉雲」と呼ばれる状態[4]が出現することがある。一般に風向は花粉粒子の拡散の方向を，風速はその距離に大きく影響するが，花粉の長距離輸送には日射による局所的な上昇気流や局所的な地形なども影響を与えるといわれる。スギの雄花から放出された花粉がどのような経路で輸送されるかは，そのときの気象条件で変化する[4]が，その輸送プロセスはかなり複雑である。

6.1.3 スギ花粉飛散の実態

花粉の飛散量は，年度により，かなりの変動がみられる[18]。これは，発生源であるスギ雄花の着花量が前年の天候の影響で変化することや，空中飛散量に関しても，飛散時期の天候に左右されるためである。花粉飛散時期の無風・降雨は花粉量減少をもたらす[15),19]。

また，日飛散変動には，気温や湿度，風向の変化が影響する。変動パターンとして，空中湿度の高い朝晩は飛散量が少なく，湿度が下がってくる正午から午後にかけて多くなる[14]といわれる。今井ら[20]は花粉の自動計測器（KH-3000）を使用して観測を行い，午前10：30頃から午後6：30頃の時間帯で花粉飛散数が多く，深夜においても日中のおよそ3割程度の花粉数が観測されると報告している。

図-6.1.2，図-6.1.3は，環境省花粉観測システムのデータを使用して作図した花粉飛散の時刻的変動グラフである。図-6.1.2の3/9日では日中に多いという一般的飛散パターンを示すが，3/10

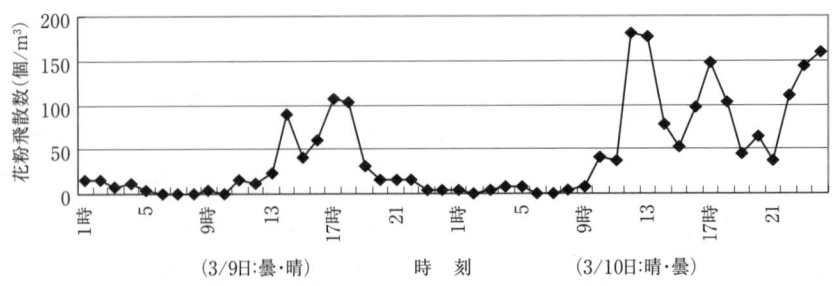

［出典］環境省花粉観測システム（福井県福井大気汚染測定局：測定機器はKH-3000）のデータを使用して作図。
表-6.1.1の落下量測定地点とは約2kmの隔たりがある。

図-6.1.2 野外花粉飛散の時刻的変動（2005年）

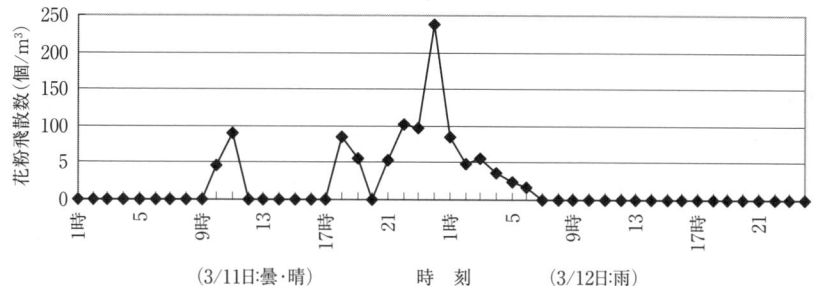

6.1 空中花粉の概要

(3/11日:曇・晴)　　時　刻　　(3/12日:雨)

[出典] 環境省花粉観測システム(福井県福井大気汚染測定局:測定機器はKH-3000)のデータを使用して作図。
表-6.1.1の落下量測定地点とは約2kmの隔たりがある。

図-6.1.3　野外花粉飛散の時刻的変動(2006年)

表-6.1.1　スギ花粉の野外落下量（2006年）
（昼の値と 深夜・早朝の値）

3/11日	3/12日
10：00～18：00	22：30～4：30
(8時間の平均値)	(6時間の平均値)
17個	21個

(単位：個/cm^2/1時間)

日では夜間でもかなりの花粉飛散がみられる。図-6.1.3の3/12日は朝方から終日雨の状態であり、グラフに表れた数値はほとんどがゼロを示している。表-6.1.1は実際に目視計数したスギ花粉の野外落下量の値であり、図-6.1.3に対応するものである。この表-6.1.1からも夜間の多数飛散（存在量）が示され[21]、花粉の防止対策がいずれの時間帯でも必要であるといえる。

都会においては、大きな花粉源となるようなスギ林は存在しない。花粉源に近い郊外とスギのほとんど無い都心部との同時調査[4]で、郊外に比べ都心部の飛散数が多くなっている例や、飛散数のピーク出現時間にズレが見られる例などから、ほとんどの花粉は外部からの飛来と考えられる。

都会における花粉飛散の特徴として、ビル風や自動車の往来による風が、アスファルト道路上に落下しているスギ花粉をふたたび空中に舞い上げている可能性が指摘されている（二次飛散）[4]。また、近接した地域でも高層ビルなどの影響で花粉の滞留、花粉の再飛散が発生し、花粉数に大きな差が出ることがあり、ビルの谷間や道路沿いな

ど、強風が吹き抜ける場所では多くなりやすい[4]といわれている。

6.1.4　室内花粉について

スギ花粉は野外に由来するものであるので、室内に存在する花粉は［野外］→［室内侵入・搬入］→［室内浮遊］→［落下・堆積］→［再飛散］→［室内浮遊］という経過をたどる。

a.　落下量の垂直分布

一般住宅、中層ビル、高層集合住宅、超高層住宅の室内において花粉落下量の実態調査が行われており、室内の高さ別落下量は、床面に近いほど花粉量が多いという結果が出されている[11),22]。室内では野外に比べ風（気流）の影響が少なく、花粉粒子の落下速度の影響が大きくでているためと考えられる。

b.　落下量の水平分布

窓際などの外部の影響を受けやすい場所ほど花粉数が多く[22]、窓から離れると急激に減少する傾向[23]がみられる。窓際の花粉落下量は室内中央の5～6倍の高さ[22]といわれる。

c.　侵入率

スギ花粉は屋外飛散量の1割程度が屋内に侵入する[24]といわれる。横須賀ら[23]によれば「窓際の室内花粉数」はベランダ花粉数の0.1～8％とされ、清澤ら[22]によれば「窓際以外の室内花粉数」は屋外の1～2％とされている。また明らかに窓を開けている部屋のほうが多くなるという結果[22]

からも，侵入率に最も影響するのは換気（窓開放）時間であるといえる。

表-6.1.2 スギ花粉の室内侵入率
（野外と室内の比較より）

	測定日	3/7～3/21	3/27～4/12
落下量比較	床上70cm	0～1.3%	0～1.4%
	（期間平均）	(0.27%)	(0.64%)
落下量比較	床上0cm	0～0.4%	0～1.9%
	（期間平均）	(0.28%)	(0.66%)
濃度比較	空中濃度	0～4.1%	0～8.9%
	（期間平均）	(1.16%)	(2.27%)

注）1. スギ花粉の実態評価には落下量測定による場合と濃度測定による場合がある（9章 花粉測定法参照）
2. 表中の落下量比較は，室内落下量÷ベランダ落下量×100 より算定した室内侵入率(%)
3. 表中の濃度比較は，室内濃度（アンダーセンサンプラー値）÷野外濃度（環境省・花粉観測システムデータ使用）×100 より算定した室内侵入率(%)

表-6.1.3 室内空気中のスギ花粉個数濃度
（アンダーセンサンプラーによる捕集結果）

	スギ花粉個数濃度
'03年①期間（3/4～3/21）	1.5個/m^3
'03年②期間（3/26～4/11）	0.5個/m^3
'04年①期間（3/10～3/25）	0.4個/m^3
'04年②期間（3/26～4/11）	0.3個/m^3
'05年前期間（2/23～3/4）	0個/m^3
'05年①期間（3/7～3/21）	1.5個/m^3
'05年②期間（3/27～4/12）	3.6個/m^3
'06年①期間（3/7～3/25）	0.5個/m^3
'06年②期間（3/27～4/12）	0.2個/m^3

表-6.1.4 室内空気中の Cry j 1 濃度
（アンダーセンサンプラーによる捕集結果）

	Cry j 1 濃度
'03年①期間（3/4～3/21）	8.0pg/m^3
'03年②期間（3/26～4/11）	1.8pg/m^3
'04年①期間（3/10～3/25）	感度以下（<1.6pg/m^3）
'04年②期間（3/26～4/11）	感度以下（<1.5pg/m^3）
'05年前期間（2/23～3/4）	感度以下（<1.6pg/m^3）
'05年①期間（3/7～3/21）	15.9pg/m^3
'05年②期間（3/27～4/12）	23.2pg/m^3
'06年①期間（3/7～3/25）	2.2pg/m^3
'06年②期間（3/27～4/12）	感度以下（<1.5pg/m^3）

表-6.1.2は，野外と室内の落下量比較および濃度比較より算定した侵入率の一例[11]である。

d. 室内スギ花粉濃度

室内の花粉濃度に関しては資料が少なく，野外の状況，換気の状態や室内気流の状況に左右されるものではあるが，一般住宅における測定例[25]を表-6.1.3，表-6.1.4に示す。年度や時期によりかなりの変動がみられる。

e. 室内花粉濃度と落下量

換気により窓等から侵入したスギ花粉粒子はサイズ的に大きいので，暫くの間，浮遊粒子として空中を漂い，その後床面に落下・堆積する（オービクルなどの微小粒子はさらに長く空中に留まると思われる）。

表-6.1.5に，室内スギ花粉の空中濃度と落下量の相関係数を示す[21]。03年，05年は花粉飛散量の多い年度であり，04年，06年は少ない年度である。花粉飛散の多い年度のほうが相関は強く現れるようである。

表-6.1.5 室内におけるスギ花粉の空中濃度と落下量の相関係数

	床上 0cmの落下量使用	床上70cmの落下量使用
03年	$R = 0.73$	$R = 0.30$
04年	$R = 0.18$	$R = 0.34$
05年	$R = 0.71$	$R = 0.75$
06年	$R = 0.56$	$R = 0.64$

f. 湿度の影響

室内における湿度と浮遊花粉の関係では，低湿度（60％以下）のほうが高湿度（60％以上）に比べ浮遊花粉レベル*が明らかに高いという結果[26]が出されている。

  * ここでは床面より上の落下捕集花粉を浮遊花粉として扱っている。

g. 室内における花粉の堆積（付着）場所

室外から持ち込まれた花粉粒子は暫くのあいだ空中に浮遊した後，落下・堆積する。実際に室内塵の中には多くのスギ花粉の存在がみとめられて

いる[12]。採取塵のアレルゲン定量結果によれば，カーペット，畳，ソファ，などから多くのCry j 1が検出され，とくにカーペットに多い[26),27)]。カーテンなどからも検出されている。

室内の活動や気流の巻き上げによりこれらが空中に再飛散する可能性があり，日常の清掃作業がCry j 1量の低減に重要[27)]であることが示されている。

6.1.5 花粉飛散数と花粉症発症

現在，スギ花粉の野外飛散状況が全国的に提供されるようになっている。

空中飛散花粉数(または花粉アレルゲン量)が花粉症の発症や症状増悪にどの程度かかわっているかは，個人的な感受性や個人的な被曝量により変化するものである。久松[28)]によれば，「20個/cm^2/日以上の花粉飛散数が発症に充分な飛散量」とされ，齊藤[29)]によれば「飛散開始後，累積花粉数が30個/cm^2前後に達するところに症状の増悪する臨界点がある」との報告がある。

以上は，いずれも落下法により野外で測定されたものであるが，環境中の花粉(アレルゲン)の許容量を考える上での一資料としてとらえることができる。

6.2 基本的方法

6.2.1 建築設計の観点から

a. 建物の換気について自然換気による野外空気の流入をなくし機械換気とし，給気口には高性能フィルタを使用することにより野外からの微細花粉粒子(オービクルなど)の侵入を防止する。
b. 洗濯物・布団など，室内干しのできる空間を確保し，野外干しによる花粉搬入を防止する。
c. 床材は堆積花粉の除去のしやすさを考慮すると，毛足の長いカーペットよりフローリングのほうが望ましい。

6.2.2 環境工学・建築設備的側面から

住宅内に花粉を持ち込まないためには，帰宅時に身体に付着した花粉の払い落とし作業が重要である。玄関にはハンディタイプの吸引クリーナー(小型の掃除機)を備えて置くと便利である。エアシャワーの設備も効果的である。洋服ブラシによる払い落としは花粉が空中飛散する場合も考えられるので，さらに花粉を室内に持ち込まないためには，空気清浄機の設置も(とくに微小アレルゲン粒子には)有効と思われるが，短時間に床面に落下すると考えられるサイズの大きい花粉粒子の除去には不向きである可能性がある[30)]。

6.3 建築および設備設計・施工上の対策

6.3.1 侵入の防止

野外花粉の室内侵入を防止するためには，窓や通気口など開口部に対する対策が必要である。

a. 網戸用ネットの効果

通気性を保ちつつ，フィルタ機能のある網戸用ネットが市販されている。従来の網戸に比べてメッシュが細かく，花粉の侵入阻止率(90％)といわれるものもある。

b. 通気口用フィルタの効果

通気口の室内側に簡単に取り付けて使用できるフィルタも市販されている。

表-6.3.1は，市販の通気口用フィルタを使用した場合にフィルタから検出されたCry j 1量である[21)]。フィルタ装着により，少なくともこの量の花粉アレルゲンが室内に侵入するのを阻止でき

表-6.3.1 通気口フィルタ上のCry j 1量

装着時期 (2006年)	付着Cry j 1量(pg/フィルタ/10日間)
3/6～3/16	1 604 880
3/16～3/26	778 997
3/26～4/5	295 279
4/5～4/15	43 855

注) フィルタは直径21cmの丸形

たことになる。

c. カーテンなど

カーテンによる花粉侵入阻止効果も報告されている。窓解放時にレースカーテンを閉めた場合の室内侵入花粉数は，レースカーテンを開けた場合に比べ，40％程度少ないとの報告[31]がある。

また，花粉を付着させ，洗濯により簡単に落とせるカーテンなども市販されている。

6.3.2 搬入の防止

帰宅時，玄関で身体に付着した花粉の払い落としには，前述のように，エアシャワーの設備やブラシの使用が有効である。花粉を室内に持ち込まないためには，空気清浄機の設置も（とくに微小アレルゲン粒子には）有効と思われるが，短時間に床面に落下すると考えられるサイズの大きい花粉粒子の除去には効率が悪い可能性がある[30]。

なお，空気清浄機の設置は床に近い低い位置が望ましい。

6.3.3 清掃除去

約 $30\mu m$ の球形花粉粒子は大きいのですぐに床面に落下・堆積する。

a. フロアワイパー，電気掃除機による清掃作業が重要である。ただし，非循環型電気掃除機には花粉飛散，吸入の危険性が指摘されている[30]。電気掃除機は高性能フィルタを備えた集塵効率のよいものや床の堆積花粉を舞い上げにくい排気方式のものがよい。

b. 室内の床材に関して，毛足の長い絨毯よりフローリングなど花粉除去効果の高いものがよい。

6.4 居住（建物使用）時の対策手法

6.4.1 外部での吸入予防

スギ花粉飛散の多い日は外出を控える。外出時はマスクを着用する。鼻粘膜上への吸入花粉数は，花粉曝露実験によれば

① 通常のマスク着用で，約1/3に低減

② 花粉用のマスク着用で，約1/6に低減

との結果があり[32]，市販のマスクでも工夫次第で鼻に入る花粉を90％以上カットできるといわれる。

6.4.2 外部での被曝予防

a. 眼鏡を着用する。

結膜上への花粉数は，花粉曝露実験[32]によれば

① 通常の眼鏡着用で，約2/3に低減

② 花粉症用眼鏡着用で，約1/3に低減

といわれる。

b. 帽子着用により髪への付着を防ぐ。

c. 衣類は花粉の付着しにくい素材を選ぶ。

木綿，帯電防止されたテトロン混紡，ナイロン製など，織り目が細かく，表面の平滑なものなど[24]がよい。

d. 製剤散布による防止効果

スギ花粉の付着抑制，効率的除去，アレルゲン性低減を目的とした製剤の検討がなされている。布片への製剤散布実験によれば，製剤散布の効果は

① 花粉付着は50〜80％減少

② 花粉払い後の残留は30〜70％減少

③ Cryj1量の抑制傾向が見られる

という報告がある[33],[34],[35]。衣類などの繊維製品への利用が可能と思われる。

6.4.3 帰宅後の除去

帰宅時は，玄関にて衣服・髪に付着した花粉を払い落として入室する。さらに洗顔，うがい，入浴は体に付着した花粉を落とすのに効果的である。

6.4.4 払い落とし（洗濯物・布団など）

花粉飛散の多い時期の洗濯物・布団などは室内干しが望ましい。洗濯物の室内干しは野外干しの1/10程度の花粉付着量になるという[36]。また，

野外に干した洗濯物や布団を取り込む際には，付着した花粉をよく払い落とすことが重要であるが，寝具や洗濯物など繊維製品に付着したスギ花粉アレルゲンは手で払い落とすなどの作業を行っても 30～60％残留するともいわれる[36),37)]。花粉が付着しにくく，軽くたたくだけで簡単に落ちやすい布団カバーなども市販されている。

6.5 対策用設備機器使用上の問題点と注意

6.5.1 マスクなど

鼻腔への花粉侵入防止に関し，マスク着用は有効な手段である。市販マスクの不織布やガーゼは 90％以上の花粉を除去できる素材であるといわれる。そして，顔型に合ったものを選ぶなどマスクと肌との隙間から花粉の侵入を防ぐ工夫や，当てガーゼをするなどマスクの内側に侵入した花粉が鼻腔に入らないような工夫をすることで花粉侵入を減らすことができる。

6.5.2 搬入防止機器

空気清浄機は各社より種々のタイプの製品があり，花粉粒子のフィルタ上捕捉や，花粉アレルゲンの不活性化が可能とされている。

スギ花粉アレルゲン粒子はサイズ的に大きいものが多いことを考慮すると，生活空間内での除去効果にはさらなる資料の蓄積も必要と思われる。清澤ら[38)]によれば，家庭用空気清浄機の花粉粒子除去性能は機器による差が大きいといわれている。

電気掃除機も高性能フィルタを使用した集塵効率のよいものやアレルゲン抑制効果を謳ったものなど種々のタイプがある。床面の堆積花粉を巻き上げにくい排気分散型（やわらかな排気）の機種は花粉の空中濃度低減には効果的であると思われる。

6.5.3 床からの除去など

粒子径の大きな花粉は長く空気中に浮遊せず床に落ち，人の活動などによる室内気流で巻き上げられる。床に堆積した花粉は空気清浄機などでは除去が十分ではないため，掃除をこまめにすることが重要である。フローリング床の場合，拭き掃除による除去が基本となる。ウェットシート使用の掃除を行い，その後掃除機がけするのが効果的[24)]といわれる。掃除機のみの使用では排気により室内塵が舞い上がり，取り残しが生じる可能性[24)]が指摘されている。

◎引用文献

1) 斉藤洋三 他：新版・花粉症の化学，化学同人，京都，2006
2) 今野昭義 他：花粉症の発症機序と診断，内科，91(2)，pp.205-214，2003
3) 宇佐神篤 他：花粉症の全国分布―スギ以外の花粉症について，内科，91(2)，pp.235-242，2003
4) 佐橋紀男 他：スギ花粉のすべて，メディカル・ジャーナル社，東京，1995
5) 野原修 他：スギ花粉粒子の形態的変化と主要抗原の溶出との関係，アレルギー，46(2)，pp.1235-1242，1997
6) 兜真徳 他：花粉アレルギーと大気汚染，篠原出版，東京，1995
7) 安枝浩：スギ花粉症とスギ・ヒノキ科花粉のアレルゲン，日本花粉学会誌，46(1)，pp.29-38，2000
8) 佐橋紀男：花粉とアレルギー，空気清浄，37(5)，pp.21-28，2000
9) 後藤陽子 他：関東地方周辺のスギ精英樹花粉における Cry j 1 含量の変異，日本花粉学会誌，45(1)，pp.149-152，1999
10) 榎本雅夫 他：高感度 Cry j 1 測定法について，日本花粉学会誌，46(1)，pp.9-16，2000
11) 大橋えり 他：スギ花粉粒子の室内侵入率と室内落下量分布の実態について，日本建築学会大会梗概集，pp.881-882，2006
12) 榎本雅夫 他：室内塵中のスギ花粉，アレルギー，50(6)，pp.535-539，2001
13) 大橋えり 他：スギ花粉による室内空気汚染，(3)，空気調和・衛生工学会学術講演会講演論文集，pp.1237-1240，2001 (注：後に再計算による値の修正部分あり)
14) 古越隆信：スギ林と花粉症，アレルギーの臨床，7(3)，pp.30-34，1987
15) 川島茂人 他：スギ花粉の放出と拡散過程に関する研究，天気，49(11)，pp.3-15，2002
16) 小笠原寛 他：スギ花粉飛散期の異常気象による飛散総数の増減，アレルギー，48(7)，pp.691-699，1999
17) 佐橋紀男：植物学からみた花粉症，アレルギーの臨床，

7(3), pp.23-26, 1987

18) 平英彰 他：スギ雄花の花粉飛散特性，アレルギー，53(12), pp.1187-1194, 2004

19) 小笠原寛 他：スギ雄花の水曝露による花粉量減少，日本花粉学会会誌, 45(1),pp.67-70, 1999

20) 今井透 他：自動計測器 KH-3000 による春期飛散花粉観測の有用性と実用性，アレルギー，54(6), pp.559-568, 2005

21) 大橋えり：未発表データ

22) 清澤裕美 他：住宅等における花粉の侵入と被曝量，日本建築学会計画系論文集 第548号, pp.63-68, 2001

23) 横須賀道夫 他：室内環境整備技術の開発Ⅶ．スギ花粉の室内への侵入挙動及びその分布，アレルギー，54, p.1011, 2005

24) 榎本雅夫：スギ花粉の回避はどこまで可能か，今月の治療，12(12), pp.37-41, 2004

25) 大橋えり 他：室内空気のスギ花粉個数濃度とアレルゲン(Cry j 1)濃度について，日本建築学会環境系論文集 第594号, pp.39-43, 2005（注：追加データあり）

26) Tadao Enomoto *et al*：Japanese cedar pollen in floating indoor house dust after pollinating season, Allergology International, 53, pp.279-285, 2004

27) 鈴木政宏 他：室内環境整備技術の開発Ⅷ．室内に存在するスギ花粉量と清掃との関係，アレルギー，54, p.1011, 2005

28) 久松建一：花粉症に対する抗アレルギー薬の予防的投与法，アレルギーの臨床，7(2), pp.19-23, 1987

29) 齊藤憲治：スギ花粉飛散と症状について，耳鼻臨床，補76, pp.26-35, 1995

30) 奥田稔 他：住居内花粉数とその処置，アレルギー，52, p.855, 2003

31) 永井智 他：室内環境整備技術の開発Ⅳ．住居における換気条件と侵入スギ花粉量の関係，アレルギー，54, p.1012, 2005

32) 大久保公裕 他：花粉防御器具の有用性，医薬ジャーナル，37(1), pp.117-121, 2001

33) 高橋祐輔 他：室内環境整備技術の開発Ⅴ．スギ花粉の付着抑制及び除去技術の検討(1)，アレルギー，54, p.1012, 2005

34) 高野勝幸 他：室内環境整備技術の開発Ⅵ．スギ花粉の付着抑制および除去技術の検討(2)，アレルギー 54, p.1012, 2005

35) 高橋祐輔 他：繊維製品に対するスギ花粉の付着抑制および除去技術の検討，日本花粉学会第47回大会講演要旨集, 2006

36) 清澤裕美 他：住宅等への花粉搬入量，日本建築学会計画系論文集 第558号, pp.37-42, 2002

37) 高野勝幸 他：住居内へのスギ花粉侵入に関する実態および対策，日本花粉学会第47回大会講演要旨集, 2006

38) 清澤裕美 他：家庭用空気清浄機の汚染物質除去性能と室内濃度予測に関する研究（その2），日本建築学会環境系論文集，第596号, pp.29-35, 2005

◎参考文献

[1] 斉藤洋三 他：新版・花粉症の化学，化学同人，京都, 2006

[2] 佐橋紀男 他：スギ花粉のすべて，メディカル・ジャーナル社，東京, 1995

[3] 川島茂人 他：スギ花粉の放出と拡散過程に関する研究，天気，49(11), pp.3-15, 2002

[4] 井出武 他：抗原の回避—花粉症グッズの検証から，内科，91(2), pp.279-283, 2003

7 健康上とくに考慮を必要とする場合の対策

　ここではシックハウス症候群，化学物質過敏症患者のような，一般の健康状態の居住者（健常者）に比べ健康上とくに考慮すべき立場の人々（便宜上，本書では非健常者と記す）のための対策について述べる。シックハウス症候群や化学物質過敏症患者の場合，健常者ではまったく問題とならない極微量の化学物質にも反応することが知られている。したがって，微生物汚染制御対策を検討する場合，非健常者には特段の配慮が必要とされている。

7.1 シックハウス症候群と化学物質過敏症

7.1.1 定　　義

　シックハウス症候群（Sick House Syndrome，以下SHSと略す）は1980年代の欧米で大きな社会問題となったシックビル症候群（Sick Building Syndrome，以下SBSと略す）をもじった和製英語で[1]，室内環境要因，とくに室内空気質に起因する健康障害とされている。最新の厚生労働省の研究成果によると[2]，SHSは「室内における化学物質，アレルゲン，微生物等の影響により健康被害が生じた状態」として，

① 発症のきっかけが住居に関連する
② 症状は住居内で現れる
③ 住居から離れると，症状は軽くなるか消失する
④ 住居に入ると繰り返し症状が現れる

と定義され，WHOによるSBSの定義と基本的に変わらない。

　一方，いわゆる化学物質過敏症あるいは多種化学物質過敏症（Multiple Chemical Sensitivity，以下MCSと略す）について2000年6月，厚生労働省シックハウス（室内空気汚染）問題に関する検討会から以下の定義を示している[3]。つまり，最初にある程度の量の化学物質に曝露されるか，あるいは低濃度の化学物質に長期間反復曝露されて，いったん過敏状態になると，その後きわめて微量の同系統の化学物質に対しても過敏症状を来す者があり，化学物質過敏症と呼ばれている。化学物質との因果関係や発生機序については未解明な部分が多く，今後の研究の進展が期待される。日本では「シックハウス症候群」が2004年に傷病名として認められ診療報酬請求可能になったのに対し，MCSは未解明の部分が多いため，まだ病気として認められていない。1999年に米国政府（EPA）および米国医師会（AMA），米国政府消費者連盟（CPS）の研究者が合意したMCS診断基準は次の6条件を満たすことが必要であるとした[4],[5]。

① 慢性疾患である
② 再現性を持って現れる症状を有する
③ 微量な物質への曝露に反応を示す
④ 関連性のない多種類化学物質に反応を示す
⑤ 原因物質の除去で改善または治癒する
⑥ 症状が多くの器官，臓器にわたっている

上述の定義からもわかるように，MCSはSHSとは異なり，必ずしも直接住居に関連していなく，シックハウスによって発症する患者もいるが，それ以外に看護師や，化学製品を扱う仕事で職業的

に高濃度の化学物質に曝される人などにも見られる。また厚生労働省の室内濃度指針値の1/10程度のきわめて微量の化学物質でも反応するという特徴がある[4),6)]。

7.1.2 症　　状[5)]

厚生労働省は医学界の有識者からなる「室内空気質健康影響研究会」を立ち上げ，室内空気質の健康影響について，これまでに得られた医学的知見を整理した。SHS，MCSの症状について以下のようにまとめている。

SHSは，

① 皮膚や眼，咽頭，気道などの皮膚・粘膜刺激症状，および
② 全身倦怠感，めまい，頭痛・頭重などの不定愁訴，が訴えの多い症状

であることが示されている。

またMCSとして報告されている症状は多彩であり，粘膜刺激症状（結膜炎，鼻炎，咽頭炎），皮膚炎，気管支炎，喘息，循環器症状（動悸，不整脈），消化器症状（胃腸症状），自律神経障害（異常発汗），精神症状（不眠，不安，うつ状態，記憶困難，集中困難，価値観や認識の変化），中枢神経障害（痙攣），頭痛，発熱，疲労感等が同時にもしくは交互に出現するとされている。

7.1.3 発症原因[5)]

非健常者（SHS，MCS）の発症原因はホルムアルデヒド，揮発性有機化合物，殺虫剤などの化学物質，微生物（主に真菌），ダニなどの生物的汚染物質および，温度，湿度，気流などの温熱環境的因子が挙げられるが，多くの場合，これらの室内空気汚染物質の複合的汚染によるものと思われる。最近，照度，騒音，振動等のさまざまな物理的環境因子，精神的ストレスなどが発症・増悪に関連することも指摘されている。**表-7.1.1**に非健常者の発症原因を示す。

また被曝原因について，221例のMCS患者の調査結果[7)]を**図-7.1.1**に示す。室内空気の化学物

表-7.1.1 非健常者の発症原因[5)]

因子	汚染物質など
化学物質	ホルムアルデヒド，揮発性有機化合物(VOC)，防蟻剤，殺虫剤等の農薬
生物因子	微生物（主に真菌），ダニなど
温熱環境的因子	温度，湿度，気流など
物理的環境因子	照度，騒音，振動など
精神的因子	ストレス

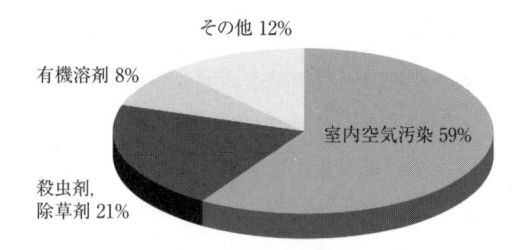

図-7.1.1 MCS患者の被曝原因（221例）[7)]

質汚染（シックビル，シックハウス，シックスクールを含む）によるものが59％と最も多く，残りは室外で使用する殺虫剤，除草剤などの農薬（21％），職場で使用する有機溶剤（8％），その他（12％）によるものと報告されている。

発症原因の中，とくに湿度の影響については，高湿度の室内環境では結露が起こりやすく，真菌の生育を助長する。その結果，真菌からEndotoxins，(1-3)-β-D-gulucanなどの化学物質の産生をもたらす。また高湿の場合，ポリ塩化ビニル建材中の可塑剤Di(2-ethylhexyl)phthalate(DEHP)から2-Ethyl-1-hexanolが産生することで非健常者に悪影響を及ぼすとされている[8)]。

なお，MCSとアレルギーとの関連について，MCSの84％の患者が何らかのアレルギー性疾患の合併，あるいは既往症を持っていることが調査で分かった[9)]。これはMCSが花粉症を含めアレルギー疾患を持っている人に起こりやすいことを示唆される。したがって，非健常者にとっては，化学物質のほかに花粉，ダニ，真菌などのアレルゲンの存在が望ましくないと考えられる。

7.2 建築および設備設計・施工上の注意点

7.2.1 共通注意点

SHS, MCS の定義と発症原因からもわかるように，非健常者のための建築および設備を設計・施工する場合，微生物および化学物質の汚染防止対策について以下のことに注意を払わなければならない。

① ホルムアルデヒドのような一種類だけでなく微生物由来の化学物質を含めた多種類の化学物質に関して化学物質総量を低減しなければならない。非健常者用建築の場合，けっしてこれだけをやれば十分とはいえないが，少なくとも総揮発性有機化合物（TVOC）濃度の暫定目標値を守ること，あるいは非メタン炭化水素化合物（NMHC）濃度のような目標値を設定することが重要である。

② 厚生労働省指針値や WHO のガイドライン値は，あくまで健常者を保護するためのものであり，非健常者はもっと低い濃度の化学物質に対しても過敏反応する可能性がある。

③ 健常者にとって外気がフレッシュエアであり，大きい換気回数を確保すれば室内空気環境が良くなるという常識は非健常者にとって危険を伴う場合がある。

④ 化学物質のほかに真菌，ダニ，花粉などの生物的汚染も非健常者にとって発症原因となりうるので，複合的汚染対策が必要である。

⑤ 微生物汚染対策の中，抗菌剤などには有害化学物質が含まれる可能性がある。またホルムアルデヒドなどの使用制限によって建材表面にカビが増殖しやすくなっている可能性がある。微生物汚染対策と化学物質汚染対策とは相互影響，相互制約する様相を呈している。

化学物質の汚染防止対策に関する建築設計・施工上の注意点については専門書を参考されたい。ここでは非健常者のための微生物汚染制御を検討する際，注意すべき点を簡単に述べる。

7.2.2 建築設計・施工上の注意点

(1) 結露防止のための断熱

外壁などの室内表面結露や内部結露は真菌増殖と飛散の原因となる。微生物汚染防止のため，外壁などの断熱効果を確保できるよう断熱材の種類や厚みを選定する必要がある。建築の立地によって冬季外気温度条件が決まり，また室内温湿度設計条件によって外壁などの結露防止のための断熱設計を行う。

ただし断熱材からは大量に化学物質を放散するものがある[10]。実際，発泡ポリスチレン断熱材に反応する非健常者もいる[11]。たとえ壁の外断熱といっても断熱材から発生する化学物質が壁の接合部やコンセント，照明スイッチボックスなどの隙間から室内に侵入する。外断熱の場合，ポリウレタンやポリスチレンボードを用いることが多いようだが，非健常者用建築の場合，化学物質放散量の少ない（例えば，ポリエチレンテレフタレート（PET）繊維系断熱材やウール）断熱材を選定すべきである。また可能ならば，使用予定の断熱材サンプルを入手して，入居する非健常者に問題ないことを直接確認してもらってから施工に移すのが無難である。

(2) 防菌・防黴剤の使用[12]

防菌・防黴剤はその用途から，細菌の殺菌・抑制を目的とした防菌剤（防腐剤）と，真菌（カビ）の殺菌・抑制を目的とした防黴剤の2つに分けられる。防菌（抗菌）剤として，無機系物質を使用する場合も多くなっているが，防黴剤はほとんど塩素化フェノール，有機臭素化合物のような有機系物質である。防菌・防黴剤は，単に材料表面を覆うのに用いられるばかりでなく，塩ビシート，ビニールレザーのような材料製造時に材料中に混入したり，塗料・接着剤・シール材などを製造したりする際にも用いられる。

現状，防菌剤，とくに防黴剤は基本的に有機系化学物質がほとんどであり，非健常者用建築への

7 健康上とくに考慮を必要とする場合の対策

使用を控えるべきと考える。例えば浴室など水回りにどうしても使用する場合，使用する薬剤のMSDSを良く調査しMSDSに明記されない成分があることを十分理解したうえで，必要最少量を使用すべきである。また，ヒバ，ヒノキなどの木材は防菌・防黴作用を有しており，入居する非健常者にニオイ嗅ぎなどの事前確認を取ってから防菌・防黴剤の代わりに浴室など部分的に採用して成功している例があるようである。

(3) 床下換気，屋根裏換気

とくに一戸建て住宅の場合，床下換気は，① 湿気上昇による床下における真菌の増殖防止および，② 床下の防蟻剤の揮発で溜まったガス状有害物質の室内への侵入防止に重要な役割を果たす。**図-7.2.1** に床下換気の概念(例)を示す[13]。

また屋根裏は，とくに夏の場合，内部は高温多湿になりやすく真菌の発生が懸念され，建材からの化学物質放散も促進される。加えて，屋根裏では建材の選定に関して室内側ほど吟味されない場合が多く，高温で大量に放散する化学物質の室内

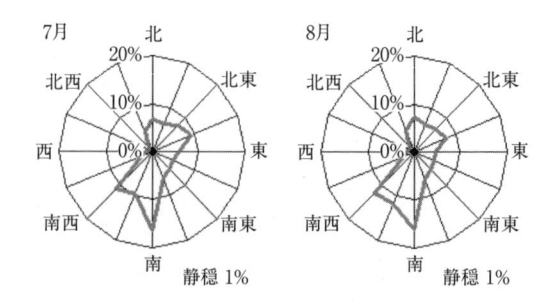

図-7.2.2 東京の夏季風向(風配図)[15]

侵入が予想される[14]。それを回避するため，効果的な屋根裏換気を設計段階から検討する必要がある。例えば，自然換気なら，建設地の夏季の風向(例えば，**図-7.2.2**)を考慮して屋根裏空気の流れがスムーズになるよう換気口の配置を決める。換気口面積も目標換気回数と風圧に合わせて適当に設計する。無風状態の真夏日を想定し自然換気効果があまり期待できない場合，非健常者用建築には機械換気を導入することが望ましい。

(4) MSDSの必要性と限界

MSDS(製品安全データシート)は製品内に含まれる指定化学物質およびその毒性を提供することで製品使用者(施工者)やエンドユーザー(居住者)の安全と健康を保護するために必須である。設計と施工担当者は建材選定時に必ずメーカーより取り寄せ，建材(接着剤，塗料などを含む)に含まれる化学物質の成分と含有量を調査し，厚生労働省の規制している13種類の化学物質[3](**表-7.2.1**)が主成分として含有しないことを確認する。

ただし，MSDSについては以下の点に留意しておかなければならない。

① 対象化学物質は人や生態系への有害性(オゾン層破壊性を含む)があり，環境中に広く存在する，または将来的に広く存在する可能性がある，と認められる物質として計435物質のみ指定されている。

② 製品中に対象化学物質の含有量が1％未満の場合，開示義務がない。

③ 一般消費者用の殺虫剤などのような，MSDSを提供しなくて良いものもある。

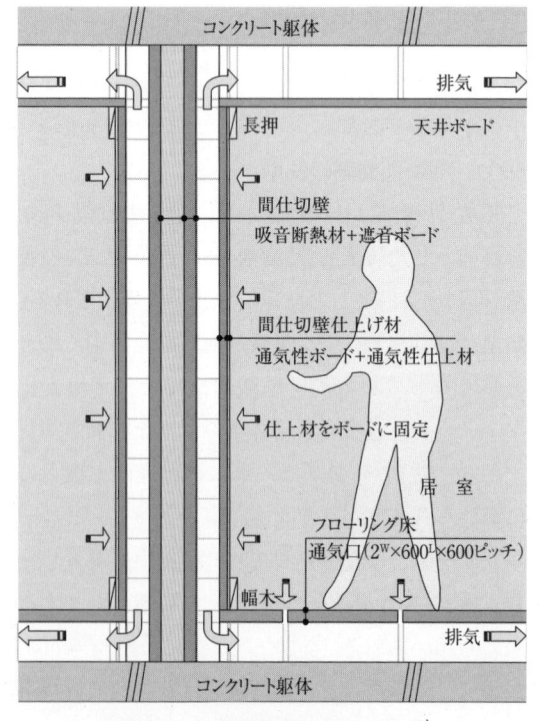

図-7.2.1 床下換気の概念(例)[13]

表-7.2.1　厚労省による化学物質濃度指針値[3]

化学物質名	指針値 $\mu g/m^3$	指針値 ppb
ホルムアルデヒド	100	80
トルエン	260	70
キシレン	870	200
パラジクロロベンゼン	240	40
エチルベンゼン	3 800	880
スチレン	220	50
クロルピリホス*1	1	0.07
フタル酸ジ-n-ブチル	220	20
テトラデカン	330	40
フタル酸ジ-2-エチルヘキシル	120	7.6
ダイアジノン	0.29	0.02
アセトアルデヒド	48	30
フェノブカルブ	33	3.8
総揮発性有機化合物（TVOC）	400	暫定値

*1　小児の場合の指針値は $0.1\mu g/m^3$ である

つまり非健常者にとってMSDS確認は最小必要な手順であるが，けっしてこれだけやっておけば安心できるとはいえない。

(5)　施工期間中の窓開け換気

工事では接着剤や水性塗料などを使用するので，室内に水蒸気が揮発する。乾燥不十分な木材など内装壁材からも水分が蒸発する。それが原因で工事中に内壁や天井などに真菌（カビ）が増殖することが見られる。また化学物質をまったく含まない建材の選定が不可能のため，施工中や竣工直後は室内化学物質濃度が高い。

真菌（カビ）の増殖防止や化学物質放散の促進，施工者の健康維持のため，施工期間中に窓，扉を開放して換気させることが有効である。押し入れやキッチン棚，家具の扉もなるべく開放すれば，入居時の室内空気環境改善に大きく寄与できる。

7.2.3　設備設計・施工上の注意点

建築基準法の改正により住宅も事務所ビル，学校と同様，機械換気方式による必要な換気量の確保が法的に求められている。ここでは主に空調換気設備の設計・施工上の注意点について述べる。

(1)　立地条件に合う適正な外気処理方法

大気汚染で非健常者が幹線道路の近くを散歩できない，自宅の窓などをテープで目張りして外部からの化学物質侵入を回避するという，健常者にとって考えられないことが実際存在する。図-7.2.3に都内某所で測定した外気中非メタン炭化水素化合物（NMHC）濃度の一例を示す[16]。高速道路の近くに位置することもあり，時間帯によって $400 \sim 1\,400\mu g/m^3$ との高濃度が長時間に測定される。このような外気をそのまま室内に供給されると，非健常者にとってはフレッシュエアでの換気よりも，むしろ危険な化学物質を常時室内に供給してしまうことになる。

このように幹線道路の近くには自動車排ガス，印刷工場などの近くには工場排気中のVOC，また農地や果樹園の近くだと農薬散布の危険性[17]があることを考慮しなければならない。非健常者

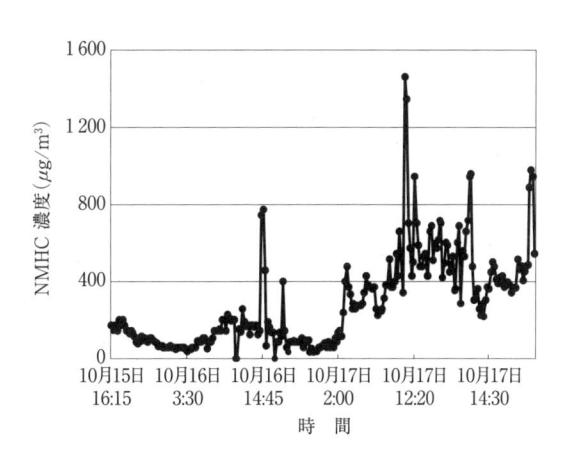

図-7.2.3　都内某所外気中のNMHC濃度[16]

表-7.2.2　低圧損活性炭フィルタ仕様[18]

項　目	仕　様	備　考
外形寸法	307×307×65t	
フレーム材質	SUS304	
吸着剤	ハニカム状活性炭	300cell/in^2
使用温湿度	<30℃，<80％RH	
除去率	75％	$SV = 150\,000\text{h}^{-1}$
処理風量	$800\text{m}^3/\text{h}$	トルエン $400\mu g/m^3$
圧　損	145Pa	

用建築の場合，外気を適正なフィルタ処理を行ってから室内に導入する。ガス状汚染物質除去のために活性炭フィルタを，ディーゼル車排ガス中の粒子，農薬を除去するために高性能フィルタを選定する。活性炭フィルタは圧損が大きく，寿命も短い欠点があるが，近年，低圧損のハニカム状活性炭が市販され，また活性炭フィルタのままで再生できる装置も製品化されている。表-7.2.2 に低圧損活性炭フィルタ仕様[18]を示す。

(2) 空調設備介在の微生物汚染防止

ファンコイルユニットの冷水コイル表面に真菌が増殖してニオイの原因となるケースがある。またエアハンドリングユニット空調機のコイル表面や気化式加湿器表面にも微生物増殖が観察されている[19]。非健常者用建築の場合，次のように配慮すべきである。

① 冷水コイルや加湿器の下流側に中性能フィルタ以上のフィルタを設ける。
② 事務所ビルの場合，ファンコイルユニットや直膨式空調機を避けて微生物が増殖しても空調機内のフィルタで除去できるような空調方式とする。
③ 加湿方式は電熱式などの蒸気加湿にする。
④ 容易に定期的清掃，クリーニングするため，空調機周りおよびフィルタボックス，ダクト周辺にはメンテナンススペースを確保する。

(3) 花粉除去用フィルタの選定

前述のように非健常者は花粉症など他のアレルギー合併症が多い。花粉の制御方法については第6章を参照されたいが，ここで非健常者の場合，とくにサブミクロンサイズのスギ花粉抗原に注意して頂きたい。スギ花粉の粒径は $30\mu m$ 前後とされるが，スギ花粉の表面に $0.5～0.6\mu m$ ほどのユービッシュ粒子が付着している[20]。スギ花粉の主要抗原の一つである Cry j 1 は，ほとんどこのユービッシュ粒子に含まれるとされている。

したがって，非健常者用建築の換気設備には外気処理用に $0.5\mu m$ の粒子を有効に除去できる高性能フィルタの設置が望ましい。あるいはフィルタの設置スペースを設けて花粉飛散シーズンにフィルタ設置できるように設計しておきたい。

(4) 空調衛生設備からの化学物質汚染防止

空調衛生設備からの化学物質汚染を防ぐには次の注意点がある。

① ダクトや空調機など，工場製作時に有機溶剤などに汚染されないよう，工程管理，保管場所の指示を行う。
② フィルタのろ材，とくにバインダに化学物質が含まれるので，含有量の少ないものを選定する。
③ 7.2.2項でも述べたが，ダクト，冷温水管用保温材は化学物質含有量の少ないものを選定し，室内側のダクト，配管の外観処理では有機溶剤含有の塗料使用を避けたい。

(5) 適正な湿度設定と気流分布

夏季には真菌の増殖防止のため十分な除湿能力を持つ空調機を選定し室内相対湿度を70％以下に制御する。また冬季にはインフルエンザウイルスの不活化を図るために，空調機の加湿によって相対湿度を40％以上に維持することが望ましい[21]。

なお，気流分布が悪い場合，室内平均湿度が適正としても，極端によどみが発生して局部的に高湿になる場合がある。とくに住宅の場合，外壁に接した押し入れや鉄筋コンクリート造の日当たりの悪い外壁の隅角部などにそれで結露が見られる。住まい方の問題もあるが，CFD などの技術を駆使して，気流分布を考慮した空調給排気口の配置を決定したい。

7.3 居住(建物使用)時の注意点

非健常者用建築の居住(建物使用)時の注意点を以下に簡単に述べる。

(1) 入居時期と入居前の換気実施

施工中使用の接着剤，塗料および家具類からの化学物質放散で竣工直後に室内化学物質濃度が高

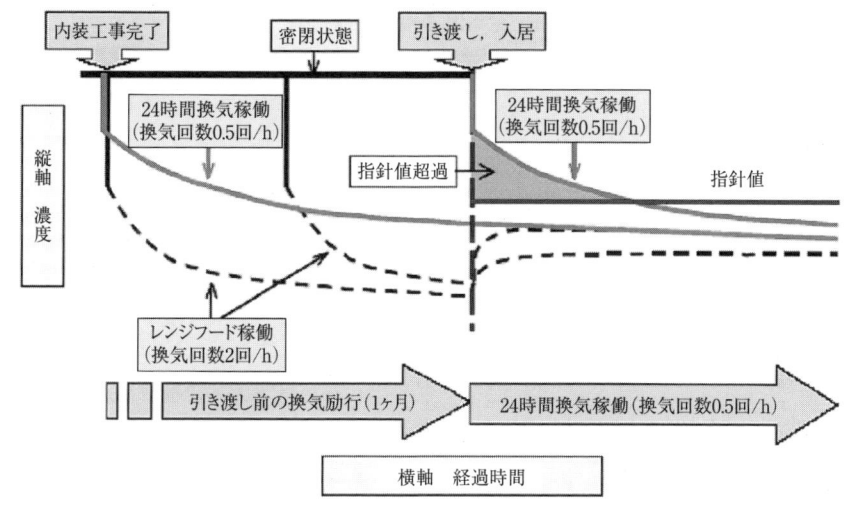

図-7.3.1　入居前換気効果の概念図[22]

い。その放散量は時間的に減衰していくので、竣工したら2〜4週間以上の養生期間を置いてから入居すべきである。また室内換気システムとキッチンのレンジフードを稼働すれば、濃度減衰が加速される(図-7.3.1)[22]。さらにこの期間中、窓開け、扉開けをして、家具、押し入れなどの扉も開放すればもっと効果的になる。

(2) 入居前にIAQ測定の実施

当然のことであるが、非健常者は入居前に必ず室内空気質の測定をしておくべきである。化学物質総量の確認(例えばTVOC濃度)および非健常者の反応物質の有無や濃度レベルの確認が目的である。目標とした濃度レベルを超過した場合、低減対策を実施する。

(3) 空調換気設備の定期点検

空調機器、フィルタ、ダクト内は真菌が増殖して室内微生物汚染の原因にもなる[23],[24]。またフィルタの目詰まりで換気風量が低下し、設計条件を満足できなくなる場合もある。これらのシステム不良をなくすために定期的な点検や、フィルタ交換、ダクト清掃などが必要である。ただしエアコンのフィルタ洗浄剤で発症したり、過敏反応を示したりする非健常者もいるので、注意が必要である。なお住宅で使う加湿器は貯水槽の洗浄と水の入れ替えを頻繁に行うことが望ましい。

(4) 空気清浄機の選定

空気清浄機は主に粒子状物質(浮遊微生物、ハウスダスト、花粉など)を除去するものと、粒子状物質だけでなくガス状物質(VOC、ニオイなど)も除去するものに大別できる。粒子状物質の除去方式は主にフィルタ方式と電気集塵方式とあるが、電気集塵方式の空気清浄機は電極の放電を伴って、低濃度ながら有害なオゾンを放出する機種もある。またガス状物質の除去方式は吸着(物理吸着、化学吸着)、分解(光触媒分解、低温プラズマ分解)などがあるが、後者の光触媒やプラズマ分解法は、いずれも酸化反応によるVOC等の分解除去法であり、接触反応時間や濃度レベルなどによっては不完全反応が発生してしまい、アルデヒド類や有機酸等の中間生成物を新たに生成するおそれがあると報告されている[25)-27)]。したがって、現状技術レベルでは非健常者の居住環境空気質改善のために用いることは逆効果となる場合も考えられるので慎重な判断を要する。また電磁波に反応する非健常者の場合、直流モーター使用の空気清浄機を選ぶべきである。送風機のモーターが直流で物理吸着の活性炭を採用し外板の塗装などからの化学物質放散を極力抑えて、またフィルタ上の微生物を酵素で死滅させる酵素殺菌フィルタを備えた空気清浄機も市販されている[28),29)]。

表-7.3.1　空気清浄機の運転効果[29]

測定対象	TVOC濃度($\mu g/m^3$)		ホルムアルデヒド濃度($\mu g/m^3$)		建築概要
	運転前	運転後	運転前	運転後	
A邸 (茨城県)	491 (41)	41 (24)	12.0	8.0	一戸建て，築20年，1階和室6畳
B邸 (千葉県)	103 (34)	28 (14)	7.5	0.0	マンション，築13年，2階和室4.5畳
C邸 (茨城県)	347 (46)	108 (19)	8.6	4.7	一戸建て，築2年，1階和室12畳
D邸 (千葉県)	196 (27)	33 (8)	7.5	4.9	一戸建て，築23年，2階洋室6畳

注）　1．空気清浄機風量170m^3/h
　　 2．表中（　）内数字は検出物質数

(5)　床ワックス，花粉除去・カビ除去剤の使用

床ワックスには多種類のVOC，SVOCなどが含まれるので[30]，非健常者が在籍している事務所や学校などでは，長期休暇前に床ワックス作業をし，そのあとに連続換気運転に努めるべきである。花粉の除去・付着防止スプレーにはエタノールなど，カビ除去剤には塩素系化学物質などが含まれることがある。花粉除去スプレーは基本的に室外やベランダなどで使用し，またカビ除去剤使用時と使用後は窓開け換気など，確実な換気を長時間に行う必要がある。

◎引用文献

1) 池田耕一：シックハウスはなぜ起こり得たか，建築雑誌，Vol.116，No.1469，p.63，2001
2) 鳥居新平，平山耕一郎，秋山一男，池澤善郎，内尾英一，岡本美孝，小倉英郎，高橋清，西間三馨：シックハウス症候群と未分類の多種化学物質過敏症の分離の試み－シックハウス症候群の定義および症状－，アレルギー，Vol.55，No.12，pp.1515-1530，2006
3) 厚生省生活衛生局企画課：シックハウス(室内空気汚染)問題に関する検討会中間報告書－第1回～第3回のまとめ，2000　http://www1.mhlw.go.jp/houdou/1206/h0629-2_13.html
4) 石川哲，宮田幹夫，坂部貢：化学物質過敏症の臨床病理学的研究の現状と展望，アレルギーの臨床，Vol.21，No.2，pp.23-28，2001
5) 厚生労働省健康局生活衛生課：室内空気質健康影響研究会報告書の概要，2004　http://www.mhlw.go.jp/houdou/2004/02/h0227-1.html#betu
6) 坂部貢，宮田幹夫，石川哲，松井孝子，江島千香子，佐々木恵子，土本寛二，相澤好治：シックハウス症候群・化学物質過敏症患者の近赤外線酸素モニタリング(NIRO)利用による脳血流量測定の意義，第10回日本臨床環境医学会総会プログラム・抄録集，p.48，2001
7) Sakabe, Ishikawa and Miyata：Proceedings of 2003 International Symposium on Indoor Air Quality and Health Hazards, Vol.2, pp.193-194, 2003
8) 岸玲子，西條泰明：シックハウス症候群の疫学，アレルギーの臨床，Vol.25，No.7，pp.59-65，2005
9) 長谷川真紀，大友守，三田晴久，秋山一男：化学物質過敏症可能性例の検討－アレルギーの観点から－，アレルギー，Vol.54，No.5，pp.478-484，2005
10) 田辺新一：建材・施工材からの放散量の測定，評価方法の研究，化学物質による室内空気汚染の現状と対策最終成果報告会(日本建築学会)，pp.81-99，2001
11) 山内稚恵：ある日，化学物質過敏症，pp.25-27，三省堂，2003
12) 山口一：ダニ・カビ汚染防止対策マニュアル，トステム建材産業振興財団研究報告書，pp.77-82，2006
13) 須藤俊彦，鈴木昭，湯懐鵬，濱崎はつ子，三上秀人：ヘルシーハウスアイディアコンペティション：室内化学物質空気汚染防止に配慮した住宅設計，建築雑誌，Vol.116，No.1467，p.110，2001
14) 小林徳昭，長泰則，湯懐鵬：化学物質過敏症転地療養施設の空気質と運用状況，第15回日本臨床環境医学会総会プログラム・抄録集，p.75，2006
15) 東京管区気象台：管内風配図(東京)1971-2000年　http://www.tokyo-jma.go.jp/sub_index_fuuhai/fu662.htm
16) 湯懐鵬，須藤俊彦：化学物質による室内空気汚染の最新対策，BELCA NEWS，Vol.14，No.83，pp.59-68，2003
17) 河原純子，熊谷一清，柳沢幸雄：有機リン系殺虫剤による大気汚染に関する研究，平成13年度室内空気環境学会総会講演集，pp.186-187，2001
18) 湯懐鵬，田島和也，加藤陽一，木村文夫：VOC除去フィルタとその再生装置の開発，空気調和・衛生工学会大会学術講演論文集，pp.1447-1450，2004

19) 柳宇：空調システムにおける微生物汚染の実態と対策に関する研究，東京大学博士学位論文（私家版），2005
20) 日本自動車研究所：粒子とスギ花粉症－実験動物を用いた粒子とスギ花粉の混合暴露実験－，pp.31-33，2000
21) 日本建築学会：微生物による室内空気汚染に関する設計・維持管理規準・同解説（日本建築学会環境基準 AIJES-A002-2005），p.25，丸善，2005
22) 木村洋，會田祐：集合住宅における入居前の換気による室内化学物質濃度抑制効果の検証，空気調和・衛生工学会大会学術講演論文集，pp.1931-1934，2004
23) 小竿真一郎：空調設備と室内汚染防止に関する研究，日本建築学会大会学術講演梗概集，pp.1209-1210，1987
24) 菅原文子，諸岡信久：空調ダクト内の微生物汚染，日本建築学会計画系論文報告集，No.493，pp.99-104，1997
25) 坂本和彦，田村和也，関口和彦，石谷治，原慎一：光触媒－活性炭ハイブリッドフィルタによる微量ガス状汚染物質の分解除去，第19回空気清浄とコンタミネーションコントロール研究大会予稿集，pp.248-250，2001
26) 浅田敏彦，山本卓哉，関野展弘：非熱平衡プラズマによる AMC の除去の問題に関する考察，第19回空気清浄とコンタミネーションコントロール研究大会予稿集，pp.257-260，2001
27) 湯懐鵬，小林徳和，森本正一，木村文夫：空気清浄機による室内空気中粒子状，ガス状汚染物質の除去効果，空気調和・衛生工学会学術講演会講演論文集，pp.1165-1168，2003
28) 小峯裕己：設備機器・生活用品に関わる抑制対策手法の開発，化学物質による室内空気汚染の現状と対策最終成果報告会（日本建築学会），pp.157-177，2001
29) 湯懐鵬：空気清浄機によるCS患者住宅の室内空気質改善効果，建築設備士，Vol.36，No.11，pp.25-29，2004
30) 大貫文，齋藤育江，瀬戸博，上原眞一，加納いつ：ワックス清掃による室内空気中化学物質濃度の変化，室内環境学会誌（平成15年度室内環境学会総会講演集），Vol.6，No.2，pp.30-33，2003

◎参考文献

[1] 小峯裕己：シックスクールへの対応をどのようにすればよいのか？ 実例に基づくシックスクールへの対処－参考とすべき成功例－，スクールアメニティー，Vol.19，No.214，pp.2-17，2004
[2] 山崎雪恵，王炳玲，坂野紀子，汪達紘，瀧川智子：室内環境汚染物質および生活背景と自覚症状との関連，室内環境学会誌，Vol.9，No.1，pp.25-36，2006
[3] 厚生省生活衛生局快適居住環境研究会監修：快適で健康的な住宅に関するガイドライン－快適で健康的な居住環境を実現するために－，ぎょうせい，pp.3-34，1999
[4] 日本建築学会編：シックハウス対策のバイブル，彰国社，2002

8 微生物とその測定法

8.1 基本事項

微生物（Microbes，Microorganisms）とは，大きさがだいたい 0.1 mm 以下の肉眼では直接観察することのできないような，微小な生物の総称と定義され，一般には原虫（原生動物），藻類と真菌，細菌を含むが，ここでは狭義の微生物としての真菌，細菌，ウイルスを指す。表-8.1.1 にそれぞれの特徴を示す。

微生物はさらに染色体 DNA が核膜に包まれているかどうか，ミトコンドリアや小胞体などの細胞内小器官があるかなどにより真核細胞（*Eukaryotic cells*）と原核細胞（*Prokaryotic cells*）に分けられる。真菌（カビ・糸状菌など）のみが真核細胞に属し，それ以外は原核細胞になる。

また，細胞壁の有無で動物細胞と植物細胞に分けられる。微生物の中でも真菌や細菌は細胞壁を持つために植物細胞に含まれる。

地球上に最初に出現した偏性嫌気性細菌は，非常に活発な遺伝子の突然変異と環境による選択を受け，極限の環境といわれる高温や高圧，富栄養，貧栄養，塩湖や有害金属の存在する環境などの多種多様な地球上のあらゆる環境中に存在している。

現在，地球上に何種類の微生物がどの位いるかわかっていない。それは，極限の環境を含め，大部分の微生物の生存している特殊な環境を実験室レベルで再現し，単一の集団としてそれらを増殖させることが困難なためである。

8.2 発生源と影響要因 [1)-7)]

8.2.1 真　菌

真菌は一般的にカビ，酵母，キノコなどを含む多様な性状を持つ真核生物に含まれる植物細胞である。カビは形態的に「菌糸状真菌」，「酵母状真菌」，「二形性真菌」に大別される。形態的に多様なため，大きさは一概にはいえないが，菌糸状真菌では長さが数 mm に達するものもあり，酵母状でも直径が 10μm 前後になる。

表-8.1.1　微生物の種類とその特徴[1)]

性状	真菌	細菌	ウイルス
細胞型	真核	原核	原核
保持遺伝子	DNAとRNAの両方	DNAとRNAの両方	DNAまたはRNA
サイズ	10μm～5mm	0.2～80μm	20～300nm（0.02～0.03μm）
観察可能顕微鏡	光学顕微鏡	光学顕微鏡	電子顕微鏡
増殖様式	2分裂と出芽	2分裂	複製
人工培地での増殖	人工培地での増殖可能	人工培地での増殖可能	生細胞内でのみ増殖
化学療法剤での治療	基本的に困難	容易	困難

「菌糸状真菌」は，生活環のすべてを菌糸と呼ばれる細長いフィラメント状の多細胞構造体を取ることが特徴である。単一の細胞のなかに多数の核を持つ。菌糸が発育し続けて網状に多数集まり塊になったものを菌糸体と呼ぶ。菌糸体には隔壁のあるものとないものがあり，菌糸状真菌を分類する大きな違いである。菌糸状真菌の増殖の仕方は，分生子が形成され，そこから新しい世代がつくられる。

「酵母状真菌」は大部分の時期を酵母と呼ばれる単細胞として過ごすタイプである。形態は球形，卵円形，だ円形などさまざまである，増殖の形式は分芽である。

「二形性真菌」は発育の状態により菌糸形と酵母形の両方の形態をとりうるもので，どちらの形態をとっているかで増殖の仕方が異なる。

一部の真菌は人や動物に寄生・定着する能力を持ち，ときに組織内に侵入し，真菌性感染症を引き起こすものがある。真菌感染症には主に次の3種類がある。① 全身の各臓器へ感染し，慢性の消耗性疾患を伴う全身性真菌感染症。② 創傷感染により四肢の皮下組織に侵入し，膿瘍・肉芽種を形性する皮下真菌症。③ 表皮，爪，毛髪などに感染する皮膚性感染症。感染症以外にも，真菌により産出された毒素が原因となるマイコトキシン症や空中真菌により気管支喘息やアレルギー性鼻炎などを引き起こす真菌アレルギーなどの真菌性疾患がある。

8.2.2　細　　菌

細菌は一般的には0.2〜80μmの大きさである。特殊な対物レンズ（油浸レンズ：拡大率100倍）を装着した光学顕微鏡で千倍程度に拡大すると約1 mmの長さになる。増殖は2分裂だが，細菌により分裂の方向は異なる。細菌は基本的に細胞壁を持ち，植物細胞に属する原核生物である。遺伝子にはDNAとRNAの両方を持つ。形も多様で，球形（球菌），棒状で細長い（桿菌），回転している（らせん菌），縮れた糸くず状で細長い（スピロヘータ）などがある。最外層を細胞壁で覆われその内側に細胞質膜がある，細胞膜の内側には細胞質，核DNA，プラスミド（核外環状RNA），およびリボソーム粒子などがある。菌体の外側には病原因子である莢膜，運動性に関与する鞭毛，宿主細胞への定着に関与する線毛を持つものもある。鞭毛は高速で回転運動して推進力を得て動き回る。一部の細菌は，乾燥や高温の環境でも生存可能なように菌体中の芽胞と呼ばれる球状の構造物を持つものもある。近年話題となった炭疽菌や破傷風菌は，乾燥した土壌中では芽胞の状態で増殖に適した環境では栄養型になり活発に分裂増殖する。

一般に細菌は化学療法剤により増殖を抑制，あるいは殺される。このことを薬剤感受性というが，多くの化学療法剤に対し抵抗性を示す多剤耐性菌もある。院内感染の原因となる多剤耐性MRSA（メチシリン耐性黄色ブドウ球菌）などがその例である。

細菌には，生きている細胞のなかでしか増殖できないクラミジアやリケッチアも含まれる。これらは遺伝情報としてDNAとRNAの両方を持ち，2分裂で増殖することから細菌に分類される。

8.2.3　ウイルス

ウイルスは生きている細胞のなかでのみ増殖する最小の生物である。大きさは大体20〜300 nm（0.02〜0.3μm）である。遺伝子情報としてはDNAまたはRNAのどちらか一方しか持たない。そのため，ウイルスの分類には核酸の違いによりDNAウイルスとRNAウイルスと呼ばれる。増殖の仕方も細胞の中で，複製という方法で一個のウイルスが数十〜数百個にも一段階で増える。通常の光学顕微鏡では観察できないため，電子顕微鏡を用いるが，増殖の過程ではウイルス粒子が見えなくなる時期（暗黒期）が存在する。構造は非常に単純で，基本的には1本鎖または2本鎖の核酸とタンパクの結合したヌクレオカプシドが立体対称形，または螺旋対称形になっている。ウイルス

の種類によっては，さらにその外側にエンベロープを有するものがある。エンベロープは脂質を含むため，これを有するウイルスにはエタノール殺菌が有効であることが知られている。最近話題にあがっているノロウイルスはエンベロープを持たないため，エタノールでは十分な殺菌効果が得られず，塩素系殺菌剤が有効となる。

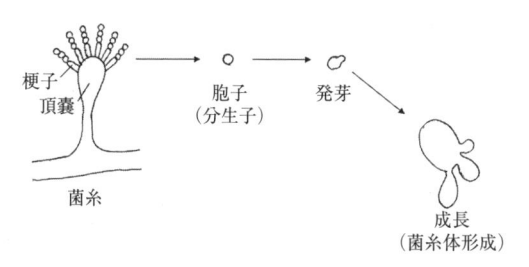

図-8.2.1 菌糸状真菌の形態と増殖様式[3]

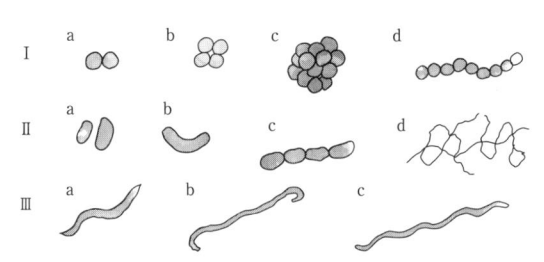

Ⅰ：球菌　Ⅰ-a 双球菌，Ⅰ-b 4連球菌，Ⅰ-c ブドウ球菌，Ⅰ-d レンサ球菌
Ⅱ：桿菌　Ⅱ-a 桿菌，Ⅱ-b バナナ状桿菌，Ⅱ-c レンサ桿菌，Ⅱ-d 放線菌
Ⅲ：らせん菌　Ⅲ-a らせん菌(Campylobacter)，Ⅲ-b らせん菌(Leptospira)，Ⅲ-c らせん菌(Treponema)

図-8.2.2 細菌の形態[4]

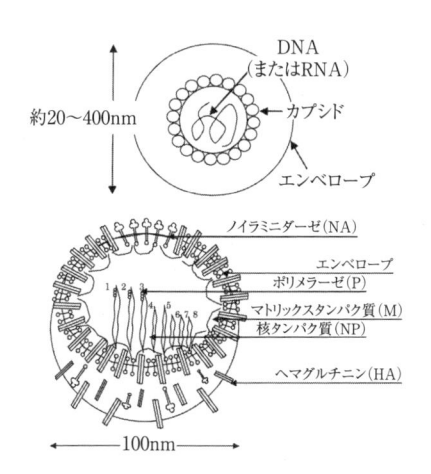

図-8.2.3 ウイルスの基本形（上）とインフルエンザウイルス（下）の模式図[5]

ウイルスとはラテン語で「毒」を意味するように，感染力が強いものがある。過去には，幾度となく人口を左右するほどの歴史的大流行（パンデミックス）を引き起こしてきた。なかでも，スペイン風邪の死者数は世界で2 000～4 000万人と類推されている。

細菌は抗生物質での治療が比較的容易であるが，ウイルスには有効な治療薬はほとんどない。これはウイルスが感染細胞の代謝機能を利用し自己複成を行っているため，ウイルスの代謝機能のみを阻害する薬剤の生成が困難なことによる。そのため，病原体を直接攻撃するのではなく，生体の免疫力を高めるといった治療法が有効である。ワクチンの接種はウイルス病の予防に大きな効果を持つが，インフルエンザウイルスなど変異を起こす一部のウイルスについてはワクチンの開発が難しいものもある。

ウイルスは種類により，熱，pH，紫外線，放射線，さらに化学物質に対する抵抗性が異なるが一般には熱，酸に対する抵抗性は弱い。一方，乾燥状態に強く長期間安定する性質を持つ。

8.3 発生量の求め方[1]

微生物の発生量は発生源との関係が大きく細菌が主としていることが多いため，ここでは実験例を挙げて説明する。

8.3.1 実　験

図-8.3.1に示すように実験室内にステンレス製の1.6×1.85×1.6(m)のチャンバー内に男子の被験者を1人いれて室内で静止，歩行，早足の動作をさせて，運動によって人体から発生した細菌をアンダーセンサンプラーとピンホールサンプラーで捕集した。測定は，チャンバーから手のはいるアクリル板をとりつけて測定機器の操作に備えた。

被検者は洗濯したYシャツと長ズボンを着用した。チャンバー内の消毒はエチルアルコール綿

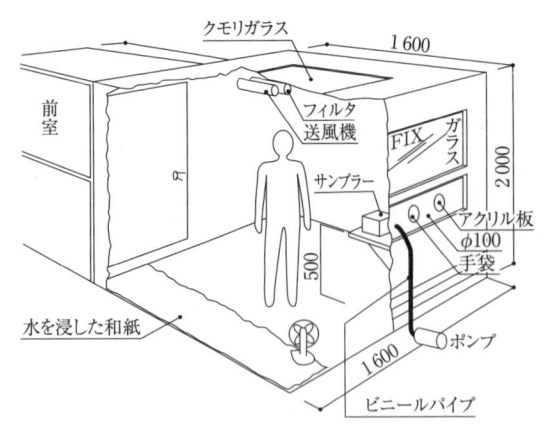

図-8.3.1 人体からの細菌発生量（チャンバー実験）

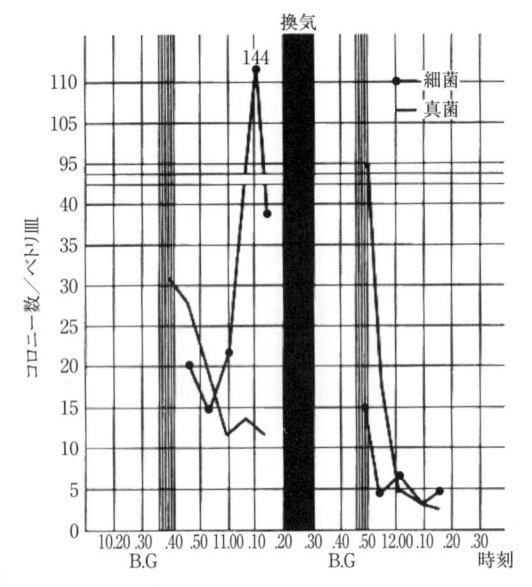

図-8.3.2 住宅内の掃除によって舞い上がる細菌・真菌と落下捕集菌の例

表-8.3.1 チャンバー内の細菌発生量

静止状態	115cfu/人・分
活動状態	2 000cfu/人・分

注) 図-8.3.1の実験の結果である。

表-8.3.2 屋内・屋外の細菌濃度の例

	室　内	外　気
浮遊微生物・秋	0cfu/L	0.35
落下菌・春	室　内 fu/L 59cfu/5分・皿	外　気c 45cfu/5分・皿

注) 1. 無人の場合には0になることがある。一般に濃度は居住者の活動に依存する。
2. 図-8.3.1の実験の結果である。

で4面を消毒した。被検者はチャンバーの中央で運動を行った。

8.3.2　実験結果

使用器機は室内の空気を攪拌するために扇風機を用い、浮遊微生物を捕集するためにアンダーセンサンプラーとピンホールサンプラーを用いた。**表-8.3.1**に示すように捕集微生物の濃度は静止、歩行、早足と活動が激しくなるにしたがって、大粒子が増加傾向にある。

8.3.3　活動量と発生量の相関

単位時間当たりの発生量は、次式で表される。

$$c = c_1 + \frac{M}{R}t \quad (8.3.1)$$

c_1：ある時刻における汚染物質濃度
c：t時刻における汚染物質濃度
M：汚染物質発生量
R：気積
t：時間

式(8.3.1)より発生量は、式(8.3.2)のようになる。

$$M = R\frac{\Delta c}{\Delta t} \quad (8.3.2)$$

8.3.4　真菌と細菌の活動による発生

6畳の開口部を締め切った室内で、はたきと箒を使用して掃除をし、ピンホールサンプラーとアンダーセンサンプラーを使用して、舞い上がった塵埃に付着する微生物の濃度と粒径を測定した。途中で開口部を開放し、換気を行い、2回測定を行った。アンダーセンサンプラーの最上段は濃度が高く減衰も早い。最下段に近づくほど、すなわち塵埃が微少になるほど濃度上昇が遅く、最下段ではほとんど見られなかった。

8.4 測定上の問題点

環境微生物のモニタリングの主目的は，機器等に被害を及ぼす微生物に対して環境の清浄状態を維持管理することである。そのために環境微生物のモニタリング手順書を作成し，モニタリング対象物にあわせてモニタリング対象微生物およびモニタリング方法などをとりいれる。ここでは機器，環境で問題となる環境微生物のモニタリングについてまとめた。

8.4.1 微生物の取扱い

まず微生物とは何か，という定義と範囲を明確にしておかなければならない。通常"微生物とは，ウイルス，リケッチャ，マイコプラズマ，細菌，真菌そして原虫など，光学または電子顕微鏡でなければ見ることのできない細胞群"をいう。ただし，ここではこれより更に狭義の意味に解し，"細菌と真菌の一部で人工的に培養可能な細胞群"とし，これら細菌と真菌に関連した微生物の取扱いに限定して取り扱うこととする。

8.4.2 微生物の増殖性に影響する要素

微生物は物理・化学的に多くの要素によって影響を受ける。温度，湿度，圧力，浸透圧，pH（水素イオン濃度），紫外線，放射線，酸素，栄養源，ミネラルそして各種の無機ならびに有機物の濃度がこれらに影響を与える。これらが基本的根拠となって培養方法のパラメータが各菌種別に設定されている。

8.4.3 微生物の培養で考慮すべき要素

微生物を培養するためには，その増殖性に必要な栄養源を取り上げなければならない。とりわけ，微生物は多くの無機そして有機物を栄養源とする。また，微生物の種類により，細胞内において代謝構を異にすることも考えておく必要がある。

a. 主要な栄養源

炭素源：有機系Cとして糖，タンパク質など，無機系炭素として二酸化炭素など。

窒素源：有機系N＝尿素，アミノ酸など，無機系N＝亜硝酸塩，アンモニアなど。

無機塩類：マグネシウム，リン酸，硫黄，カリウム，ナトリウム，鉄など。

ミネラル類：ビタミン，ミネラルなど。

一般には細菌は窒素源を多く好み，真菌は主に炭素源を必須の栄養源とする。

b. pH

pHは菌種によってその生存適応環境を異にする。典型的な例として細菌と真菌は異なる。細菌類の多くは中性→弱アルカリ性を，また真菌はやや弱酸性側を好む。

c. 酸素要求性

微生物の多くは生活環境中で種々の物質を変換して利用するが，この中で最も重要なものが有機体を利用した場合の酸化反応である。この変換反応で左右されるのが酸素である。

8.4.4 培地，試薬・試液

微生物の培養，分離，同定そして菌株保存という微生物の取り扱う過程で主要なパラメータとなる。培地や試薬は再現性，精度などバリデーションの観点から重要である。

8.4.5 環境微生物測定法

空中微生物の測定方法として，① 落下菌測定法，② 浮遊微生物測定法，③ 表面付着微生物の測定方法として，① コンタクトプレート法，② 拭き取り法などがあり，目的を絞って試験を実施しなければならない。以下に空中微生物の測定法および表面付着微生物の測定法をまとめた。

a. 空中微生物の測定法

ⅰ） 空中落下菌

測定場所で微生物に適した寒天培地の入ったシャーレ（φ90 mm）のふたを取り，所定時間放置し，表面に落下した微生物を培養し，集落数を

計数する。

ⅱ) 空中浮遊微生物

捕集される空気の培地への衝突速度が捕集された微生物粒子に悪影響を及ぼさず，微生物を捕集するのに十分な速度とする。通常衝突型サンプリング装置を使用する。空気の吸引量は，それぞれの微生物汚染限度に応じ，微生物汚染を検出するのに十分な量（1 000 L まで）であり，かつ培地の物理的・化学的特性を大きく変えるものであってはならない。

b. 表面付着微生物の測定法

ⅰ) コンタクトプレート法

適切な接触表面を有するコンタクトプレートを使用する。サンプリング箇所にコンタクトプレート全体を均等に数秒間接触させる。この際，回転させたり直線的に動かしてはならない。接触後，プレートに覆いをし，できるだけ速やかに適切な培養条件で培養する。なお，コンタクトプレート使用後は，接触箇所に付着した培地成分を無菌的に拭き取ること。

ⅱ) 拭き取り法

無菌のガーゼ，脱脂綿，綿棒等を滅菌水に浸し，あらかじめ規定された表面積をゆっくりと回転，または平行線状に拭き取ることによってサンプリングを行う。サンプリング後，ガーゼ，脱脂綿，綿棒等を適切な一定量の滅菌水に入れて撹拌後，適切な方法で微生物生菌数を測定する。

8.4.6　微生物制御の重要点

製造環境にみる微生物汚染源に対しての制御対策はすでに他執筆者らによって述べられているがここではモニタリングの視点から要点のみ記しておく。

① 空気：清浄空気の導入および空中微生物のモニタリングを定期的に実施する。
② 食品・医薬品原料：飛散防止とその原料製品管理のモニタリングを徹底する。
③ 施設・設備：洗浄殺菌および食品，医薬品，医療環境，食品製造環境などの行動区域を設定し，常時モニタリングを実施する。また施設によってはバイロジカルクリーン施設の導入を行う。
④ 機器：機器構造が簡単かつ分解が容易であることが大事である。さらに洗浄殺菌が可能であることも重要である。
⑤ 水：水からの汚染は無視できない。とくに医療関係や医薬品化粧品関係での水の安全性は重要で，これらのモニタリングは必須である。
⑥ フィルタろ過：医療関係，医薬品化粧品，さらに無菌食品施設では重要である。フィルタ性能をよく理解して設置することが望ましい。
⑦ 作業従事者：製造環境や作業者の微生物汚染がもっとも環境に影響を及ぼす。そのため人の教育と衛生に対する意識向上が管理する上で重要である。

8.5　落下と浮遊の関連[10]

空中に浮遊する粒子は落下して物体の表面に汚染を発生する。落下粒子を予測し，定量的な汚染防止対策を図るためには空中濃度と落下量との関係を明確にする必要がある。

落下粒子と浮遊粒子の関係については，従来数多くの研究がなされているが，落下粒子の粒径分布の粒子の落下速度より落下量を推定する文献は少ない。

従来，簡便なため落下粒子量から室内の汚染を求める落下法が用いられてきた。ここでは落下速度と粒径分布を用いて理論的に粒子の落下を解析する。

8.5.1　屋外における浮遊微生物濃度と落下菌量の関係

この解析には①～⑨までの条件を仮定する。

① 粒子の径などの形状・性質は変化しない。

② 濃度，発生量，換気量などは定常とする。
③ 粒子は常に終端速度で沈降している。
④ 気流による巻上げ，吹きつけはないものとする。
⑤ 粒子は存在する表面への分子運動，気流などによる沈着作用はうけないものとする。
⑥ 水平方向には濃度は一様とする。
⑦ 粒径分布は明らかであるとする。
⑧ 粒子の上下分布は一様であると考える。
⑨ 天井高は無限大とする。

そこで次の量を定義する。

P：粒子落下量（個）
A：粒子落下対象面積（cm^2）
T：落下対象時間（sec）
D：粒子直径（cm）
D_i：i 番目の粒子直径
a：平均を表す添え字
P_i：D_i の粒子落下量（個）
C_i：D_i の粒子濃度（個/cm^3）
V_t：粒子終端速度（cm/sec）
$f(D)$：粒子径濃度分布関数
C：全粒子濃度（個/cm^3）
ϕ：インパクションパラメータ

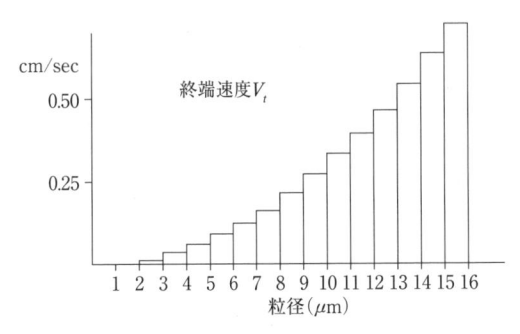

図-8.5.1 粒径と終端速度

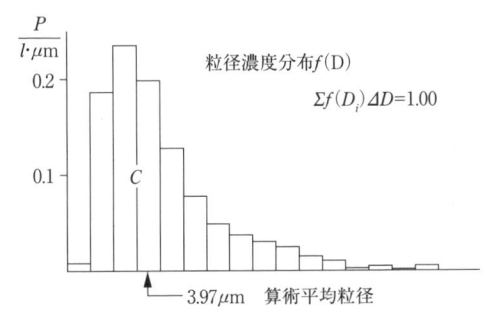

図-8.5.2 空中濃度粒径分布

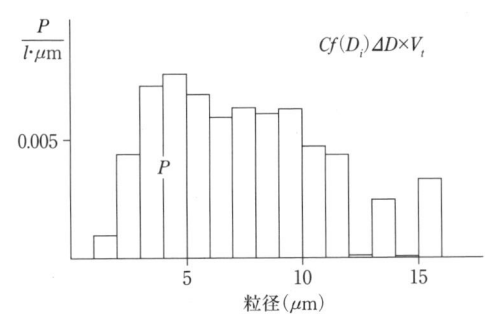

図-8.5.3 空中濃度分布から求めた粒径別落下菌

8.5.2 落下粒子量

落下粒子量は静止状態では式(8.5.1)

$$P = A \cdot T \cdot C \cdot V_{ta} \tag{8.5.1}$$

静止空気状態では V_t は式(8.5.2)になる

$$V_t = \rho_p g D^2 / 18\mu \tag{8.5.2}$$

8.5.3 実験結果

これらの関係を用いて t 時間で面積 A に落下する粒子を考えるとき高さ $V \cdot t$，底面積 A を持つ柱状の容積が検査容積ということになる。

ただし，室内で天井高がきめられたり換気があったりすると式(8.5.1)，(8.5.2)にあてはまらない。

実験は落下面積 A の培地を固化したペトリ皿を用い濃度は8段型アンダーセンサンプラーを用いた結果を図に示す。

8.6 微生物測定法

8.6.1 浮遊微生物測定法

浮遊微生物の測定には培地を用いる方法と用いない方法がある。培地を用いる方法では，浮遊微生物粒子のサンプリングと培養の2段階の作業が

必要である．サンプリング方法には，日本で最も一般的に使用される衝突法のほか，欧米でよく使用されるフィルタ法，および主として実験室で使用されるインピンジャー法がある．

一方，培地を用いない方法は微生物を直接測定するのではなく，その代謝物をある条件での発光量を測定するものである．

(1) 培地を用いる方法

a. 衝突法

ⅰ）原理

空中を浮遊している粒子が持っている慣性力は，その粒径または運動速度が大きいほど大きくなる．衝突法はこの慣性衝突原理を応用したものである．慣性衝突による浮遊微生物粒子の捕集効率を左右するパラメータはStokes数であり，そのStokes数が大きくなるにつれその捕集効率は高くなる．Stokes数の大きくなる要素として，粒子の大きさ（粒径）と密度が大きいこと，粒子の運動速度が大きいことなどが挙げられる．

ⅱ）種類と特徴

現在一般に使用されている衝突法を用いた測定器の種類とその特徴を表-8.6.1に示す．衝突法測定器の捕集効率は流速や，吸引孔と培地表面の距離などに大きく左右されるため，流量校正に怠らないことと適正な培地設置に注意を払う必要がある．現在，衝突法のISO化が進められている．

ⅲ）測定方法

図-8.6.1に衝突法測定器の例を示す．

測定手順：測定器をサンプリングポイントにセット→培地を所定箇所に設置→吸引量と測定時間を設定→測定開始．

測定終了後培地をただちにインキュベーターに入れられない場合，高温とならないように，クールボックスに保管しておく．

b. フィルタ法

ⅰ）原理

フィルタ法は文字通りフィルタのろ過原理を応用したものである．ろ過では慣性衝突，さえぎり，拡散，静電気の4つの機構によりフィルタ近傍の浮遊微生物粒子を捕集する．実際の場合，フィルタによる粒子の捕集は上記の複数の機構によるが，粒子径によってその主な捕集機構が異なる．ろ過による捕集効率は粒子径 $0.2\mu m$ 前後を境にそれより大きい粒子は慣性衝突，小さい粒子は

表-8.6.1 衝突法の浮遊微生物粒子測定器

方式	測定方法	サンプリング 吸引量 (L/min)	サンプリング 時間 (min)	利点・注意点
1段多孔型	1段の固体板に多数の孔を設けて浮遊微生物粒子を含んだ空気を孔を通して吸引し，慣性力の大きい微生物粒子は流線の屈曲に追随できずに寒天培地に衝突させ捕集するものである．9cm培地使用．	100	0.5～120	簡便な携帯型がある．製造者によっては捕集効率のばらつきがある．
多段多孔型	孔径の異なる多孔板を直列に重ねたものである．下流になるにつれ孔径が小さくなるため，慣性力の大きい粒子は上流の段，より小さい粒子は下の段に捕集される仕組みになっている．9cm培地使用．	28.3	任意	粒径別浮遊微生物粒子の測定ができる．1回の測定に6枚または8枚の培地を使用するため，やや手間がかかる．
スリット型	スリットから空気を吸引し，寒天培地に流線からはずれた微生物粒子を衝突させるものである．9cmまたは15cmの培地使用．	28.3	3～60	1枚の培地で浮遊微生物粒子濃度の経時変化の測定ができる．培地設置の高さに要注意．
遠心型	円筒内にある10枚刃の回転羽根を高速回転させることにより，吸引空気中の微生物粒子を専用培地板挿入口に差し込んである培地に吹き付けられるものである．特製帯状培地使用．	40	0.5～8	ハンディータイプのため使いやすい．流量のキャリブレーションが確かでない．

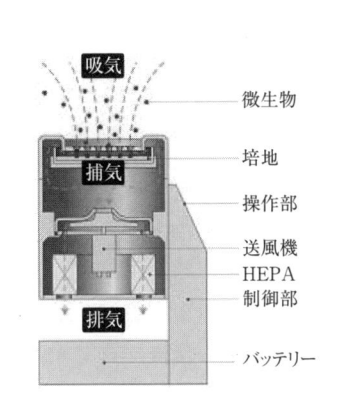

(a) 1段型

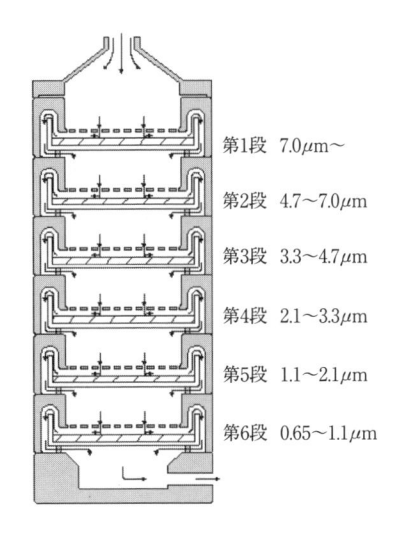

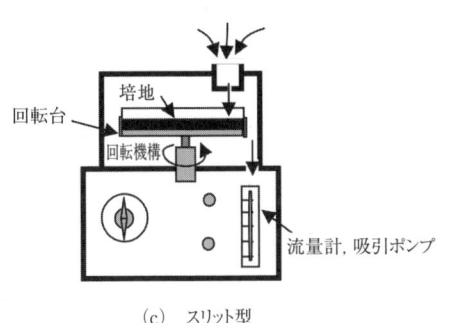

(b) 多段型
第1段　7.0μm～
第2段　4.7～7.0μm
第3段　3.3～4.7μm
第4段　2.1～3.3μm
第5段　1.1～2.1μm
第6段　0.65～1.1μm

(c) スリット型

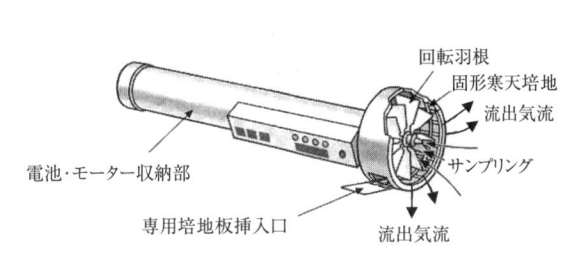

(d) 遠心型

図-8.6.1　衝突法の計測器例

拡散の機構で大きくなる．したがって，細菌（0.5μm～），真菌（2μm～）のような微生物粒子においては，慣性衝突が主な捕集機構となる．

ii）種類と特徴

フィルタ法のフィルタには一般にポリカーボネートとゼラチンが用いられる．両者共にメンブラン構造となっており，1μm以上の浮遊真菌胞子に対する捕集効率は95％以上とされている．また，ゼラチンフィルタは動物組織を使用しており，フィルタ自身が水溶性であるため，サンプリング後滅菌リン酸緩衝液または滅菌生理食塩水に溶かして培養に用いるか，そのまま培地上に貼付し培養するかのどちらの方法もとられる．現在，フィルタ法のISO化が数年間の検討を経て最終の決定段階に入っている．

iii）測定方法

図-8.6.2にフィルタ法測定装置の例を示す．測定装置は80 mmのフィルタ，フィルタホルダ，

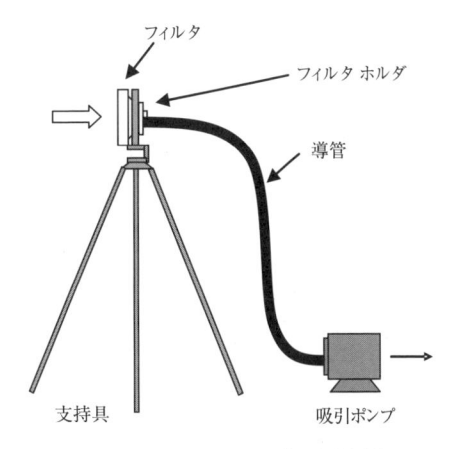

図-8.6.2　フィルタ法の測定例

フィルタホルダ支持具，導管，および吸引ポンプから構成される。滅菌済みのフィルタをフィルタホルダに装着し，所定の流量でサンプリングを吸引した後，フィルタを滅菌済みの袋に入れ培養できるように準備する。ポンプの吸引量は一般に2～8 m^3/h（33～133 L/min）を用いられる。

c. インピンジャー法

ⅰ）原　理

インピンジャー法はサンプル空気を捕集溶液（滅菌生理食塩水，リン酸緩衝液等）にバブリングすることより空気中の微生物粒子を捕集液に捕集するものである。

ⅱ）種類と特徴

市販のインピンジャーはその容量によっていろいろなものがある（大凡10～30 mL）。また1段か2段を用いることがあるが，一般に1段より直列の2段の方が捕集率は高くなる。

ⅲ）測定方法

インピンジャーというガラス製の容器に入れた捕集溶液に，インピンジャーの底面一定流量のサンプル空気を送り込む。捕集終了後捕集液を一定の希釈倍率で混釈平板法では1 mL，スプレッド法では0.05～0.2 mLを培地に植え付けて培養する。

(2) 培地を用いない方法

培地，とりわけ選択培地を用いた場合，測定対象となる微生物の種類を同定することが可能になる反面，サンプリング，培養，計数，同定などの一連作業において，細菌では2日間以上，真菌では5日間以上の時間を要するため，測定現場で結果を知ることができない欠点もある。近年，PL法・HACCPシステムに基づく衛生管理方式の導入や，バイオテロ対策などから，空気中浮遊微生物の迅速測定が強く望まれている。微生物の迅速測定法については，フローサイトメトリー法，マイクロステイン法，酵素反応法（蛍光抗体法），ATP法などの水中の微生物測定方法がある。一方，空気中微生物の迅速測定においては，ATP法が検討されているほか，微生物の代謝物から蛍光発光量を瞬時に計測する方法が開発されている。

a. ATP法

ATP（Adenosine Triphosphate，アデノシン3リン酸）に酵素ルシフェラーゼを与えると発光することが知られている。ATP法のこの原理を応用したものである。ATPは生物の共通エネルギー物質であり，微生物1菌体当たりのATP量はほぼ同じであることから，ATP量を測定することによって，微生物数を推定できるとされている。在来，ATP法を応用した測定は，発光量を測定するのに一定量の菌量（$10^{3～4}$個/mL）が必要であり，そのために，6時間程度培地での培養が必要になっている。近年，ATP法の空中微生物測定の試みがなされている。

b. 蛍光カウンタ法

細菌，真菌のような微生物に特定波長の紫外線を照射すると，細胞の代謝物，すなわち蛍光物質（蛍光を放射するすべての分子の総称，ニコチンジアミドアデニンネクレオチドNADHとリボプラビンなど）から放出されることが知られている[11]。アメリカで近年開発されたIMD（Instantaneous Microbial Detection）はこの原理を応用したものである。IMDは蛍光を計測する検知部，Mie散乱理論に基づく在来のパーティクルカウンター，微生物と非生物粒子を区別する演算部から構成されている。

蛍光カウンタ法の一般環境での実用性について現在検証を行われている。**図-8.6.3**にあるオフィ

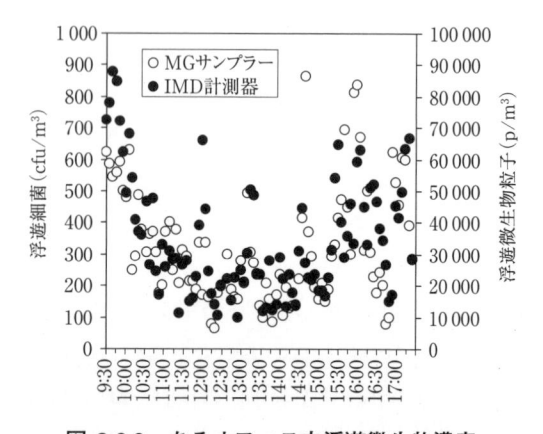

図-8.6.3　あるオフィス内浮遊微生物濃度

ス環境におけるIMDとスリット型エアサンプラーMGを用いた同時測定の結果を示す[12]。総じて両計測器から得られた経時変化のパターンは同様であった。すなわち，IMDの結果はMGサンプラーの濃度と同じように，経時的に上下することから，蛍光カウンタの一般環境でのモニタとしての可能性が示唆された。

8.6.2 落下菌測定法

落下菌測定法は一定時間内に一定面積へ自然落下する細菌や真菌のコロニー数(落下菌数)を測定する方法であり，捕集手段として寒天平板培地を用いるKoch法および，ステンレス鋼片を用いるNASA法がある。Koch法とNASA法は原理が同じであるので，ここでは一般的に使用されている前者のKoch法について述べる。

(1) 落下菌測定法の特徴と必要性

落下菌測定法(Koch法)は古くから空中微生物汚染の評価に使われている。測定には電源や高価なサンプリング機器が不要であり，測定による騒音の心配もないことから，学校，病院や食品工場などで微生物汚染の評価に多く採用されている。ただし，落下菌測定値は空中浮遊微生物濃度のみならず，微生物粒子の粒径分布，室内気流分布，天井高さなどの影響を受ける。これらの影響要素を考慮した落下菌数と空中浮遊微生物濃度との関係は理論的，実験的に検討されているが，測定対象の建築条件や測定点周辺の局所気流などの影響で，異なる測定場所の落下菌数測定値の比較が難しい[13]。

落下菌測定法の最大の特徴は落下菌による汚染の絶対評価ということである[13]。例えば食品生産現場のような場合，空中浮遊微生物の数よりも落下菌数の方が食品への汚染に直接関与していると考えられ，落下菌測定結果が空中浮遊微生物の食品へのコンタミネーション危険性に関する絶対評価と見なせる。したがって，落下菌測定法による微生物の測定および評価は，とくに食品，無菌製剤など医薬品の生産現場の衛生管理には不可欠であると考えられる。

(2) 測定の流れと注意点

落下菌測定法による細菌，真菌の測定には，① 培地の準備，② 捕集(サンプリング)，③ 培養，および，④ 計数(場合によっては属種の同定)などを経て微生物の汚染度合いを評価する。

落下菌測定法は，培地サイズについてとくに指定が無ければ，一般的に90 mm ϕペトリ皿に注入し固化した培地を用いる。測定のばらつきが大きいので，1つの測定点には3枚(清浄度が高い場合5枚以上使う場合もある)の培地を置き，1皿当たりの平均値を求める。

測定点数，測定高さ，測定回数や測定時期などの決定については，日本建築学会環境基準AIJES-A002-2005を参考されたい。

その他の落下菌測定法の注意点を以下に挙げる。

① 落下菌の時間変動を吸収するため，一般居住環境ではサンプリング時間(曝露時間)を5〜15分とする[14]。

② 空中浮遊微生物粒子の中位径は多くの場合，真菌が3〜4μm，細菌が5〜7μmと小さい[14],[15]。そのため，とくに空調吹き出し気流の勢力範囲内では微生物粒子の沈降速度よりも気流の影響が大きいので，落下菌数から空中浮遊微生物濃度を予測することはほとんど不可能である。

③ サンプリング時間を延長しても落下菌数がサンプリング時間に比例しないことが多い。したがって，15分間測定値を単純に1/3倍にして5分間測定値とすることはできない。

(3) 測定の手順

落下菌測定法の測定手順(例)を以下に示す。

① 平板培地3枚を水平面の測定場所に置く。
② 培地のふたを静かに取り，きれいな場所に置いてから測定者は静かに離れて5分間サンプリング(曝露)する。
③ 在室人員，活動状況，配置(什器，装置類を含む)等も測定評価の重要な情報となるの

で，記録しておく。
④ 時間になったらふたをかぶせビニールテープで押さえる。
⑤ ふたには測定場所，測定日時，サンプリング時間などを記入する。
⑥ サンプリングが完了した培地シャーレを一定温度のインキュベータの中に逆さまにして培養する。
⑦ コロニーを計数して○○ cfu/(皿・5分)の平均値を求める(90 mm ϕ ペトリ皿を使用する場合，○○ cfu/(90 mm ϕ・5分)のように培地サイズまで明記する)。

落下菌測定法の測定風景を図-8.6.4 に示す。

コロニーの計数は基本的に細菌の場合，培養開始2日後，真菌の場合，培養開始5日間後(真菌)に行う。ただし，培地上に捕集された細菌や真菌コロニーの数が多く，あるいはコロニー成長が著しく早くシャーレ全面を覆ってコロニー計数に支障をきたすこともあるので，培養開始1日間後からコロニーの様子を観察し，場合によっては培養日数を短くして計数することもある。

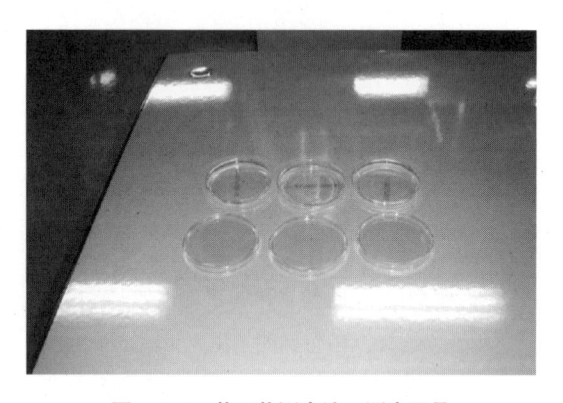

図-8.6.4 落下菌測定法の測定風景

8.6.3 付着測定法

(1) 付着微生物とは

付着微生物とは，床や壁，作業台表面，器具などに付着している微生物の総称である。ここで検出される微生物は，水周りを除いては，大腸菌のような比較的乾燥に弱い菌は検出されず，むしろ空中浮遊菌で検出されるような菌が検出される。

これは，空中に浮遊している菌が自然沈降で落下し，床や器具に付着する。また，一部は気流の影響を受けて再浮遊するためである。このような動きの中で，グラム陽性球菌のような比較的乾燥に強い菌も徐々に乾燥やその他の物理的条件で減少し，最終的に芽胞を形成する菌や真菌の胞子などが多く検出される。

(2) 付着微生物測定

付着微生物の測定法は，採取原理から分類すると，分離培養法，レプリカ法，直接法，表面沈着・付着法の5種類に分類される。

a. 分離培養法

分離培養法は，付着微生物を適切な物質で拭き取るかまたは試料そのものを抽出する方法である。

ⅰ) 拭き取り法

綿棒または適当な素材で検査対象表面を擦り取り，これを抽出液で抽出し，その抽出液について菌数計測を行う方法をいう。拭き取る素材としては，綿棒，ガーゼ，不織布(商品名:プース)などが主に用いられているが，綿棒は滅菌した市販品を用いれば，そのまま使用できるメリットはあるが，表面を擦り取る際に強い力がかけられないというデメリットがある。ガーゼは適当な大きさに切ったものを小さく折りたたみ，糸でしばって成型する。しかし，大量の検査の際には，これをつくる操作が煩雑になる。不織布は，あらかじめ成型されているので滅菌操作を行うだけで使用できる。しかし，いずれの場合も生理食塩液または緩衝液で素材を湿らせてから拭き取りを行う。

まず，シャーレの上に不織布を並べて置き，生理食塩液または緩衝液を一定量滴下し，それをふた付きのガラス容器に入れ，オートクレーブで滅菌する。滅菌後，ふたを閉めた状態で現場におもむく。現場では，滅菌したピンセットを用い，素材を1個ずつ取り出し，目的表面をやや強めに拭き取る。拭き取った素材は，滅菌済みポリプロピレン製遠沈管に入れ，速やかに実験室に持ち帰

る。

拭き取り面積についての規定はないが10 cm × 10 cm（100 cm²）が適当ではないかと思われる。

この滅菌遠沈管に滅菌生理食塩液または緩衝液の抽出液を一定量加え，手振りまたはボルテックスミキサーでミキシングする。この抽出液について，菌数測定を行う。

本法の特徴は，床などの平滑な表面のみならず，わん曲した表面なども採取できるというメリットであろう。

ⅱ）リンス法

試料の全表面またはその一部を抽出液に浸漬し，抽出を行う。この抽出液について菌数測定を行う。

この方法は，比較的小さな容器や部品などには利用が可能であるが，大きいものや取り外せないものには適用できない。

ⅲ）真空吸引法

特殊な吸引器を用いて，目的表面にノズルをあて，吸引した空気をフィルタに通過させ，補捉した微生物を培養する方法である。空中浮遊菌採取と同様の原理を用いたものである。

本法の特徴は，目的表面を汚染することなく採取できるところにある。

ⅳ）粉砕法

NASA NHB 5340-1に規定されている方法で，目的の固体試料を粉砕機で，1.0％ペプトン水とともに粉砕し，この抽出液について菌数測定を行う方法である。

小容量の部品内部の汚染を把握するのに適しているが，粉砕機の選定が困難である。

b．レプリカ法

目的表面に培地を直接接触させ，付着微生物を培地表面に写し取る（レプリカ）方法である。分離法（拭き取り法）と比較して，試料を持ち帰った後の菌数測定が必要ではなく，培地をふ卵器に入れるだけで済むというメリットがある。

レプリカ法はコンタクトプレート法ともいう。

ⅰ）スタンプ培地（ローダックプレートまたはコンタクトプレート）法

寒天培地を入れた容器（ローダックプレート）の培地表面を直接目的表面に接触させ，表面に付着している微生物を転写し，培養・検出する。目的別培地が数社から発売されており，ローダックプレートを購入して自分で目的の培地を調製することも可能である。

本法は，NASA NHB 5340-1に規定されている方法である。ISO14698-1：2003では培地面積を25 cm²と規定している。

ⅱ）アガーソーセージ法

ソーセージ状の寒天培地を適当な大きさに切断し，目的表面に接触させ，表面に付着している微生物を転写し，培養・検出する。

食品衛生分野で多く用いられている。方法が簡易ではあるが，切断に使用する器具（ナイフ）などの的確な滅菌が重要となる。

ⅲ）コンタクトプレート法

プラスチックプレート（ソフトタイプ）上に寒天培地を充填したもので，わん曲した表面にも対応が可能という特徴をもっている。

c．直接法

直接法は，目的試料表面上に培地を載せ，または浸漬して培養・検出する方法をいう。

ⅰ）直接寒天平板法

直接寒天平板法には，培地を載せる方法によって，寒天噴霧法と寒天滴下法の2つがある。

寒天噴霧法は溶融寒天を試験表面に流し，目的位置で表面付着微生物の検出を行う。

ⅱ）重層平板法

代表的な表面材料を適切な場所に一定期間設置し，その後，適当な培地中に浸漬して培養・検出する方法である。

d．表面沈着・付着法

表面沈着・付着法はNASA NHB 5340-1に規定するステンレス鋼版法をいう。

ステンレス鋼版を室内または機器に取り付け，一定期間曝露させる。曝露修了後，表面上に堆積した付着微生物を容器に回収し，培養・検出する。

(3) 採取にあたって留意すべき事項

いくつかの方法を取り上げ解説を試みたが，実際に現場で行われている方法は，スタンプ法と拭き取り法の2つで大半を占めていると思われる。両方法とも簡易に実施できる利点がある反面，正しい結果を得るためにはいくつかの留意事項がある。

微生物を扱う上で基本となるのが無菌操作であるが，付着微生物の採取，培養・検出も無菌操作で行う必要がある。服装，身だしなみ，手指の消毒，目的表面・非目的表面を問わず，再汚染しないよう留意することなどが大切である。

とくに，スタンプ法で目的表面に培地を接触させた後，そのままにしておく例が見受けられるが，培地成分が水分とともに残留し，新たな付着微生物の栄養源になるおそれが十分にある。酒精綿や滅菌ガーゼできれいに拭き取っておく必要がある。

また，手指はもちろん，拭き取り素材をつかむピンセットなども使用ごとに新しいものを使用するか，アルコールによる火炎滅菌を毎回行う。

a. 培養・検出法
ⅰ）培養条件

付着菌を採取した後，スタンプ法などでは直接，拭き取り法では菌数測定のための培地をふ卵器で培養するが，培養条件によって検出する菌が異なってくる。

培養条件とは，使用する培地と培養温度をいう。培養条件は，検出目的によって異なり，どれを選択するかは測定者が目的に応じて選択する。

培養温度については，臨床細菌では35～37℃で培養されるが，環境中から検出する菌については，一般的に培養温度が低いほうが菌数が多く検出される傾向にある。培養温度が5℃異なるだけで検出できる菌と検出できない菌があるので，培養温度は重要である。

ⅱ）培 地

培地についても，何を用いるか議論されるところであるが，環境中の菌は一般的に栄養要求が低い菌が多いので，高栄養の培地では発育が困難なこともある。逆に病院環境などでは，ヒト由来の菌を検出するためには血液寒天培地を用いることがある。

また，真菌が多く検出されるような場合，細菌のコロニーが真菌で覆われてしまうことがあるので，抗菌剤の添加も目的によっては必要である。

(4) 評価方法

付着微生物の検出は，作業領域の床面，壁面，作業台，器具などに付着している微生物数の把握を目的として行われる。場合によっては，目的の指標菌のみの検出のこともある。一般に微生物数は，その周囲の環境によってつねに変動しているものであるから，採取にあたっては，採取場所を特定し，決まった時間に採取することが必要である。菌数ないし指標菌の検出記録を保存し，つねに一定の幅で菌数の変動がある場合以外，突然菌数が増加の方向にシフトしたりした場合には，菌数が増加するには原因があるはずであるから，菌数増加の原因を分析する必要性がある。

病院などで床や壁などの清掃・消毒後の評価を行う場合，清掃前にサンプリングし，清掃・消毒前の結果を，清掃・消毒後にサンプリングし，両者の結果を比較し消毒効果の評価を行うということも行われているが，消毒液で床がぬれた状態でサンプリングすべきではない。拭き取り試料中または培地表面に消毒液が残留し，採取した菌が死滅するおそれがある。

8.6.4 検出菌の同定方法

培養後，培地上に発育したコロニー(集落)数を計測するが，測定の目的によっては，検出菌の同定が必要になってくる。ここでは，細菌の同定手順の一例を示す。

まず，検出菌を純粋培養する必要がある。なるべくほかの菌と重なったり，接近した場所のコロニーではなく，単独で発育しているコロニーを選択する。その際，コロニーの直径，色，光沢，形(正円形，不定形など)の観察データを記録してお

く。選択したコロニーを白金線または白金耳で釣菌する。そのとき、目的菌以外のコロニーに触れないよう注意する。

　釣菌したコロニーを新しい培地に画線塗抹する。なるべく単独のコロニーが得られるようにする。これを培養し、培養後、1種類の菌のみのコロニーが得られていることを確認し、最初に検出した菌と肉眼的清浄が同一であることも確認する。ここで単独のコロニーを釣菌しグラム染色を行う。検出菌がグラム陽性またはグラム陰性かを確認し、顕微鏡観察で球菌か桿菌または球桿菌かを確認する。さらに、菌が連鎖しているかブドウ状かという情報も同定の上で非常に重要な情報である。

　グラム陰性の桿菌であれば、嫌気性培養または好気性培養で発育するかどうか、好気性培養で発育が可能であれば、ブドウ糖利用が発酵または非発酵かで同定すべき(手順)方向性がはっきりとしてくる。さらに運動性があった場合、鞭毛が極毛か周毛かによって科または属レベルで細菌の特定が可能となる。

　グラム陽性菌であれば、芽胞の有無で大別し、さらに嫌気性培養または好気性培養で発育するかどうか、無芽胞で好気性の場合、カタラーゼ活性の有無で*Micrococcus*科または*Streptococcus*科のように大別できる。

　以上のようにグラム染色と形態観察、ブドウ糖の利用形態、カタラーゼ活性の有無といった比較的簡単な方法で、これから同定する菌の検索への方向性がある程度わかってくる。

　最終的には、同定キットを利用するのが便利であり、最初に検出した菌を直接キットに入れる例も見受けられるが、最低限純粋培養の確認と一次鑑別を行うことが重要であり、キットの取扱説明書にもその旨が記載されている。さらにキットの利用に際して注意しなければならないことは、大多数のキットは臨床細菌のデータをもとにつくられており、環境中の菌の同定を目的としていない。したがって、結果としてコード番号の数字が出てきて、プロファイルで検索するが、往々にして状況から考えて検出されないような菌が検出結果として出ることがある。これは、そのような目的のためにつくられていないことを理解した上で用いるべきである。

　さらに詳細な同定を行うには、成書を参考されたい。

◎引用文献

8.1
1) 滝龍雄：微生物入門，空気調和・衛生工学，第78巻，第3号，空気調和・衛生工学会 2004

8.2
2) 滝龍雄：微生物入門，空気調和・衛生工学，第78巻，第3号，空気調和・衛生工学 2004
3) 奥脇義行：メディサイトクイックマスターバックス② 微生物学，医学芸術社，1997
4) 東匡伸：シンプル微生物学，南江堂，2000
5) 簗谷広司，伊木繁雄，長野秀樹，横山慎太郎：呼吸器系ウイルスと社会活動への影響－インフルエンザウイルスを中心として－，人間と生活環境，第11巻，pp.3-7，2004
6) 微生物の世界(WEB講義室) http://micro.fhw.oka-pu.ac.jp/microbiology/microbiology-index.html
7) 国立感染症研究所：院内感染対策サーベイランス(JANIS) http://www.nih-janis.jp/report/index.html
8) 平松啓一：標準微生物学，医学書院，1999

8.3
9) 吉澤晋他：人体からの浮遊微生物発生量，日本建築学会関東支部，pp.45-48，1976

8.5
10) 菅原文子，吉澤晋：室内微生物汚染の防止について(10報)，浮遊粒子と落下粒子の関係について，日本建築学会学術講演講概集，pp.231-232，1979

8.6.1
11) Hea-young KIM, et al.: Real-time Dectection of Microbial Contamination, IEEE ENGINEERING IN MEDICINE AND BIOLOGY MAGZINE, JANUARY/FEBRUARY, pp.122-129, 2004
12) 柳宇，池田耕一：空中浮遊微生物粒子の測定における瞬間微生物計測器の適応に関する研究 第1報，オフィス環境でのリアルタイム測定，平成18年度室内環境学会総会講演集，pp.128-129，2006

8.6.2
13) 吉澤晋，菅原文子：建築空間における空中浮遊微生物粒子の評価方法に関する研究(第5報)，空中浮遊粒子濃度と落下量の関係，日本建築学会計画系論文報告集，No.391，pp.73-79，1988
14) 吉澤晋：生物学的汚染の測定，クリーンルームテクノロジー講座，日本空気清浄協会，pp.140-153，1991

[15] Tang,H., Yoshizawa,S., Fan,C. and Liu,C.: Particle Size Distribution and correlation Between Biological and Total Particles in Clean Operating Rooms, Proceedings of Indoor Air'93, Vol.4, pp.255-260, 1993

◎参考文献

8.2

[1] 東匡伸:シンプル微生物学，南江堂，2000
[2] 奥脇義行:メディサイトクイックマスターバックス② 微生物学，医学芸術社，1997
[3] 大久保憲:消毒薬テキスト，協和企画，2005
[4] 平松啓一:標準微生物学，医学書院，1999
[5] 小林寛伊:病院感染対策のポイント，協和企画，2004
[6] 齋藤厚:標準感染症学，医学書院，2000
[7] C.A.ミムス:感染症―感染と免疫の仕組み，講談社，1979
[8] 天児和暢:系統医学講座専門基礎⑥ 微生物学，医学書院，2001
[9] 山崎省二編:環境微生物の測定と評価，オーム社出版局，2001

8.4

[10] 日本建築学会編:微生物による室内空気汚染に関する設計・維持管理規準・同解説(日本建築学会環境基準 AIJES-A002-2005)，日本建築学会，2005
[11] 三瀬勝利，川村邦夫，石関忠一：GMP 微生物試験法，講談社サイエンテイフィック，東京，1992
[12] 日本空気清浄協会編:コンタミネーションコントロール便覧，オーム社，1996
[13] 山崎省二編:環境微生物の測定と評価，オーム社，2001
[14] 吉沢晋:室内の空気環境調査と汚染源，空気調和・衛生工学，第52巻(第3号)，p.276，1977
[15] 池田耕一:空調システムにおける微生物汚染の実態と対策に関する研究，平成15-17年度科学研究費補助金(基盤研究(A)(2))研究成果報告書，2006
[16] 空気調和・衛生工学会編:第13版 空気調和・衛生工学便覧6応用編，空気調和・衛生工学会，2001

[17] 高鳥浩介:医薬品の製造環境における微生物制御及び異物等の制御対策に関するシンポジウム，環境管理技術研究会資料，2003

8.6.1

[18] 春日三佐夫，森地敏樹編:食品微生物検査の簡易・迅速・自動化最新技術，pp.157-169，工業技術会，1995
[19] 服部憲晃，中島基雄 他：生物発光法を用いたクリーンルームの簡便迅速な微生物学的清浄度の測定方法について，第13回空気清浄とコンタミネーションコントロール研究大会予稿集，pp.331-334，1995
[20] 池田耕一編:室内空気清浄便覧，オーム社，pp.117-118，2001

8.6.2

[21] 日本薬学会編:衛生試験法・注解2005，金原出版，2005
[22] 日本空気清浄協会：空中菌・表面汚染菌測定法指針，JACA，No.28，1994
[23] 日本建築学会:建築分野での実用的な室内空気質測定法，丸善，1996
[24] 日本建築学会:微生物による室内空気汚染に関する設計・維持管理規準・同解説(日本建築学会環境基準 AIJES-A002-2005)，丸善，2005

8.6.3, 8.6.4

[25] 三瀬勝利，河村邦夫，石関忠一編：GMP 微生物試験法，講談社サイエンティフィク，1996
[26] 佐々木次雄編：ISO 規格に準拠したバイオバーデン試験法及び環境微生物試験法，日本規格協会，1996
[27] 倉田浩，石関忠一，宇田川俊一：医薬品・化粧品の微生物試験法，講談社サイエンティフィク，1977
[28] 山崎省二編：環境微生物の測定と評価，オーム社，2001
[29] 厚生労働省：第15改正日本薬局方，2005
[30] 日本薬学会編：衛生試験法・注解，金原出版，2000
[31] 厚生省薬務局監視指導課監修：GMP 解説，1987
[32] 厚生省薬務局監視指導課長通知：医薬品の製造管理及び製造衛生管理について，薬監第119号(昭和55年10月9日)，1980

9 花粉測定法

9.1 空中花粉の捕集方法

空中花粉の捕集方法は，単位面積・単位時間内に自然落下する花粉を捕集する「落下法」と一定量の空気中に含まれる花粉を捕集する「体積法」に大別される。

9.1.1 落下法

落下法は，前章「微生物とその測定法」中の落下法と同様で，野外測定では風向・風速の影響を受けやすく，室内測定では室内気流や天井高などの影響を受ける。しかし測定機器として安価であり，取扱いも簡便であるため，花粉捕集においても多用されている測定法である。

(1) 野外測定の場合

a. ダーラム型花粉測定器

野外における落下法による測定器としてはこのダーラム型花粉測定器[1]があげられる。これは直径9インチのステンレス円盤2枚を高さ3インチの支柱3本で平行に支えたもので，その中央には1インチの高さにスライドホルダーがとりつけられている。ここにワセリンを塗布したスライドグラスを水平に設置し，24時間の付着花粉を計数するものである。花粉数は(個/cm^2)で表現する。測定高さは地上1 mに設置が理想的[2]といわれ，日本ではこのダーラム型花粉測定器による捕集が空中花粉測定の標準法[3]とされている。

b. その他

ワセリン塗布のスライドグラスを用いる場合，例えば直径9 cmのプラスチックシャーレを利用して測定箇所に置き，ふたの開閉で曝露時間の調整を行うことで対応できる。

(2) 室内測定の場合

落下法で室内測定を行う場合はダーラム型測定器を使用する必要はない。大きいため室内測定用としては不向きである。ワセリン塗布のスライドグラスを，シャーレを利用して測定箇所に置き，ふたの開閉で曝露時間の調整を行うことで対応できる。

9.1.2 体積法

a. バーカード型花粉捕集器

体積法ではバーカード型花粉捕集器(7 day recording volumetric spore trap)[2,4]が有名である。これはドラムに巻き付けた粘着剤塗布のメリネックステープ上に，一定速度の空気を吹き付けて花粉を採取するインパクター形式のサンプラーである。ドラムの回転により7日間の自動採取が可能[2]となるが，必要に応じて部品を交換することでスライドグラス上への24時間採取[4]にも対応できる。ヨーロッパの空中花粉情報ネットの標準サンプラーである[2,5]。吸引容量は100 Vの電源で8.3 L/min.となる[6]。大気吸引口は頭部にある装置と側面にある装置があり，オリフィスサイズは2 × 14 mmで吹きつけ面と2 mm離れている。

b. その他の測定器

粒子カウンターである以下の測定器にても花粉捕集は可能である。

① カスケード・インパクター[2]
② アンダーセンサンプラー[7]

などがあげられる。

9.2 捕集花粉の定量方法

前述9.1.1, 9.1.2項に示した捕集器では捕集終了後に回収された試料について,「顕微鏡による形態観察や計数作業」または「花粉アレルゲン量の測定」を行う。

9.2.1 顕微鏡による形態観察や計数作業

(1) 染色・封入

捕集終了後に回収された試料は染色をしないと花粉の観察・計数が困難である。一般的染色法[5),8),9)]としてカルベラ液によるものやGVグリセリンゼリーによるものがある。

a. カルベラ液による染色

花粉を捕集したスライドグラスにカルベラ液(グリセリン5 mL, 95％アルコール10 mL, 蒸留水15mL, 飽和フクシン液2滴)を数滴滴下し, カバーグラスをかける。

b. GVグリセリンゼリーによる染色・封入

ゼラチン10 g, グリセリン60 mL, 蒸留水35 mLをビーカーに入れ, 加温し, 撹拌・溶解させる。やや冷えて固まる前に0.1％ゲンチアナバイオレット-アルコール溶液1 mLとフェノール0.5 mLを加えて混和した後, シャーレに入れ固める。このGVグリセリンゼリーを花粉捕集後のスライドグラス上に適量とり, カバーグラスをかける。ゼリーがカバーグラス一杯に広がるまで徐々に加温することで封入・染色が同時に行われる。

(2) 計数作業

計数用の試料は染色・封入作業の後, 光学顕微鏡(倍率：100倍程度)で計数し, 花粉数を(個/曝露面積/曝露時間)で記載しておく。スギ花粉とヒノキ花粉のように似通った花粉の判別は, 倍率を上げて形態を観察して行う。顕微鏡下の計数面積は, 可能であれば多く取るほうがよい。

9.2.2 花粉アレルゲン量の測定

花粉アレルゲン量を測定するためには, 捕集後の試料は染色作業を行わず, 以下に述べるアレルゲン定量を行う。「ELISA法」,「イムノブロット法」,「表面プラズモン共鳴法」などがある。

a. ELISA法

現在, もっとも汎用的に行われている測定法である。抗原と特異的に結合反応する抗体が用いられ, 被測定対象物質(抗原を含む試料)を結合反応から定性・定量を行う方法[10)]で, 酵素標識した抗体あるいは抗原を含む試料を用い, 抗原抗体反応を標識した酵素の活性に置き換えて測定し, 活性から試料中の抗原量を換算する[10)]。スギ花粉の場合, 渡辺ら[11)]による測定例がある。

b. イムノブロット法

タンパク質(アレルギー物質)をセルロースやナイロンなどの膜に転写し, その後, 酵素標識抗体を反応させ, 基質溶液により発色した蛍光スポットを計数する方法[12)]である。

c. 表面プラズモン共鳴法(SPR法)

近年, 表面プラズモン共鳴現象を利用した花粉アレルゲン測定が検討[13),14)]されている。この方法の利点は, アレルゲンを標識することなく測定できることで, リアルタイムに近い短時間に結果を得ることが可能になったこと[14)]である。

9.3 空中花粉自動測定器

近年, 空中花粉をリアルタイムに測定する装置が開発されている。レーザー光線を照射し, その散乱光により, スギ, ヒノキ花粉に相当する28～35μmの球形粒子数を自動的にカウントするものである。KH-3000(大和製作所), 花粉センサ(NTT), KP-1000(興和), などが製作されており, 以下に概略を述べる。

① リアルタイム花粉モニターKH-3000(大和

製作所)[15]

測定範囲は28〜35μmの球形粒子で吸引大気量は4.1 L/min.である。大気吸引口は垂直に向いており，風向きに影響されないようになっている。吸引された大気は光学系に入る前に比重差を利用して分粒され，砂塵などが除かれる仕組みとなっている。

- バーカード型花粉捕集器との捕集比較[6]：(KH-3000)の値は，バーカード型花粉捕集器からのスギ花粉アレルゲン粒子数に近い値で，両者のピーク時間帯はほぼ一致する。
- ダーラム型花粉測定器との捕集比較[16]：(KH-3000)とダーラム型測定器による測定値の相関係数は，2月から4月まで平均0.690と比較的高く，とくに3月上旬から3月下旬は0.8を越える高い相関関係があるが，スギ・ヒノキ花粉飛散数の減少とともに，また総飛散花粉数に対するスギ・ヒノキ花粉の割合の低下とともに，両測定値の相関関係は低下する。
- M/Gサンプラー220J*との捕集比較：湯ら[17]は，M/Gサンプラー220Jと(KH-3000)を用いて外気中・花粉濃度の同時測定を行い，(KH-3000)の測定濃度はM/Gサンプラーの測定濃度の20％程度であるとの結果を示している。

* M/Gサンプラー220Jは，インパクター形式の浮遊微生物粒子測定器：住友ベークライト製

- (KH-3000)の稼働状況：現在，環境省花粉観測システム(はなこさん)の測定機器として使われている。

② 花粉センサ(NTT)[18]

大気吸入の気流速度を，花粉粒子より大きな粗大粒子の沈降速度より小さくし，粗大粒子が測定部流路内に到達しにくくし(約50μm以上の粒子をカット)，さらに散乱光強度の違いで花粉粒子を弁別する。全体流量は300 L/min.で有効流量は10 L/min.である。

- バーカード型捕集器との捕集比較：相関係数で0.91, 0.92と高い相関がある。
- ダーラム型花粉測定器との捕集比較：相関係数で0.7〜0.97でかなり良い相関がある。
- 稼働状況：現在，花粉発生源の森林地帯や市街地・住宅地などにこの花粉センサが設置されており，その計測結果，気象観測結果が花粉飛散シミュレーターに入力・計算され，花粉濃度の予報情報としてインターネット，携帯電話等に配信されている。

③ リアルタイム花粉計測装置 KP-1000(興和)[19]

花粉の大きさだけではなく，有機物質である花粉が発する自家蛍光を識別して花粉を種類ごとに計測することができる装置である。吸引大気量は4 L/min.で，花粉とそれよりも大きい粒子だけが測定部に導入される。導入微粒子には紫外線光が照射され，その粒子からの散乱光と放出される蛍光を受光し，花粉選別と花粉計数をリアルタイムで行える機構をもつ。前述，(KH-3000)との捕集比較では，両者の相関は非常に高いといわれる[20]。

以上に示した花粉自動測定器には，顕微鏡下で目視・計数するという従来の手法に比べ，はるかに容易に花粉の飛散状況がリアルタイムに把握できるという利点がある。しかし，

- 似たサイズの粒子であれば，目的花粉以外の粒子もすべて計数する
- オービクルなどの微小アレルゲン粒子は計数しない
- 試料中の花粉アレルゲン量は量れない

など，それぞれの機種による特性を知っておく事が重要である。時刻的変動をとらえる必要がない場合や，目視計数が容易な低花粉レベルの場所では使用を控えた方が無難であるともいえる。

また，前述，インパクター形式のサンプラーと自動測定器との捕集比較[17]から，自動測定器は花粉濃度がかなり低く出るという指摘がある。「測定値」と「実際の濃度レベル」との関係についても事前に把握しておく必要がある。

9.4 室内測定の注意点

例として，落下法測定手順を簡単に示せば以下のようになる。

① 捕集用としてスライドグラスやカバーグラスを準備する。粒子計数用には表面にワセリン等の粘着剤を塗布し，アレルゲン定量用には塗布しないほうがよい。これをプラスチックシャーレ内で保管しておく。

② 測定箇所でシャーレのふたを開け試料の曝露を開始する。

③ 曝露時間終了後，シャーレのふたを閉める。

④ 計数用の試料は染色・封入作業の後，光学顕微鏡（倍率：100倍程度）で計数し，花粉数を（個/単位面積/単位時間）で表す。

アレルゲン量測定用の試料は，前述「ELSA法」等による定量を行う。

室内における花粉量は，一般的には野外に比べきわめて低レベルである場合が多い。

- 落下法の場合：曝露時間・曝露面積を多くとり，測定値のばらつきを平均化するために測定箇所ごとに2個以上の試料を準備する
- 体積法の場合：吸引時間を長く（空気量を多く）する

などの配慮が必要となることがある。

◎引用文献

1) Durham, O.C. : The Volumetric Incidence of Atmospheric Allergens (IV), J.Allergy, Vol.17, pp.79-86, 1946
2) 佐橋紀男 他：スギ花粉のすべて，メディカル・ジャーナル社，1995
3) 佐橋紀男 他：日本における空中花粉測定および花粉情報の標準化に関する研究報告，日本花粉学会誌，39(2), pp.129-134, 1993
4) Burkard Manufacturing Co.Ltd., ホームページより，2001
5) 高橋裕一：空中花粉および空中花粉アレルゲン測定の現状と将来展望，医学のあゆみ，200(5), pp.353-357, 2002
6) 高橋裕一 他：リアルタイム花粉モニター（KH-3000）とバーカード・サンプラーの比較，アレルギー，50(12), pp.1136-1142, 2001
7) 大橋えり 他：アンダーセンサンプラーにより空中スギ花粉を捕集する際の粒子損失について，日本建築学会大会学術講演梗概集，pp.969-970, 2005
8) 佐橋紀男：空気中の花粉と胞子の調査，空気清浄，16(4) pp.32-50, 1978
9) 中山壽孝 他：スギおよびヒノキ科花粉数の算定における花粉染色封入法の影響，アレルギー，50(7), pp.629-635, 2001
10) 日本生物工学会編：生物工学ハンドブック，コロナ社，2005
11) 渡辺雅尚 他：スギ花粉抗原（Cry j 1）に対するモノクローナル抗体を用いた Enzyme-Linked Immunosorbent Assay（ELISA）によるCry j 1の測定，アレルギー，41(11), pp.1535-1539, 1992
12) 渡辺雅尚 他：スギ花粉抗原（Cry j 1）に対するモノクローナル抗体を用いたイムノブロット法によるスギ花粉アレルゲン粒子数の測定，アレルギー，41(6), pp.637-644, 1992
13) 高橋裕一：表面プラズモン共鳴（SPR）を利用した空中花粉アレルゲンのリアルタイム測定，アレルギー，51(1), pp.24-29, 2002
14) 高橋裕一：スギ花粉アレルゲン量の迅速測定，日本医事新報 No.449, p.101, 2001
15) 佐橋紀男 他：レーザー光学手法を用いた新しい花粉計測法とその成果，環境技術別冊，32(3), pp.191-195, 2003
16) 今井透 他：自動計測器KH-3000による春期飛散花粉観測の有用性と実用性，アレルギー，54(6), pp.559-568, 2005
17) 湯懷鵬 他：花粉症対策のための抗原曝露システムの開発，新菱冷熱中央研究所報 Vol.13, pp.41-61, 2006
18) 加藤忠：ITを活用した花粉情報システム，アレルギーの臨床，24(1), pp.59-64, 2004
19) 鈴木基雄 他：自家蛍光特性を利用したスギ・ヒノキ花粉の測定と2005年春に出現した早朝の花粉高濃度現象について，エアロゾル研究，20(4), pp.281-289, 2005
20) 鈴木基雄 他：興和花粉計測器KP-1000を用いた2005年春の早朝高濃度現象の解析，日本花粉学会第46会大会講演要旨集，2005

◎参考文献

[1] 高橋裕一：空中花粉および空中花粉アレルゲン測定の現状と将来展望，医学のあゆみ，200(5), pp.353-357, 2002
[2] 斉藤洋三 他：新版・花粉症の科学，化学同人，京都，2006
[3] 佐橋紀男 他：スギ花粉のすべて，メディカル・ジャーナル社，東京，1995

10 結　語

　建築物における微生物汚染のコントロールは古くからいろいろな分野・レベルで行われてきているが，建築的手法そのものは主役であるという感じは持たれていなかったと思われる。現在でも生物学的面が主役であることに違いはないが，それを扱う人・環境・関連したものの間では重みが時代とともに変わってきており，建築の側からの寄与がより大きくなってきているのではないだろうか。

　本書は，急激に進歩しているこの分野で，建築学の立場から関与する場合に心得ておくべきことがらについて，現時点の知見を整理しておくということを目安にしてまとめたものである。

　建築学からのアプローチには，設計計画・施工・検査・運転管理・メンテナンス・改修・取り壊し・廃棄物処理などいろいろの面があり，それぞれ生物系・工学系の学問的・技術的な多くの要素についての研究・技術上の急激な進歩と積み重ねが行われてきている。これらを絶えず見守り，建築技術として取り入れてゆかねばならないのと同時に，そのための建築の分野における必要な技術をつくり上げる必要がある。

　本書において記述されていることは，関係した分野を含めての現時点におけるまとめであり，完成したものではない。関連した分野の学問的進歩と経験をとりいれ，建築の分野においての技術・学問の推進と蓄積を図るようにお願い申し上げる。

索　　引

■あ行

RNA ウイルス　74
アオカビ　20, 20
アガーソーセージ法　85
アカデミックスタンダード　11
赤色酵母　16
アスペルギルス　18
付着菌　46
アナフィラキシー反応　55
網戸用ネット　59
アレルギー　64
アレルギー疾患　55
アレルゲン定量　90
アンダーセンサンプラー　75, 89

維持管理基準濃度　11
1類感染症　19
一般病室　36
移動　21
イムノブロット法　90
医薬品　38, 48
インストアーベーカリー　47
インストアバックヤード　47
院内感染　35
インピンジャー法　82
インフルエンザ菌　20
インフルエンザウイルス　33, 35

ウイルス　73
ウェルシュ菌　20, 47

エアシャワー　59
エアフィルタ　30, 34
衛生管理　37, 47
衛生規範　47, 48
衛生施設　37
栄養源　77
栄養元素　17
ATP法　82
エタノール　22
ELISA法　90
エンテロバクター属　35

欧州標準試験法　18
オービクル　56

■か行

汚染　5
汚染区域　37
汚染制御　26
汚染レベルの評価　25
温度　15
湿度　16

カーペット　32
化学的消毒法　22
化学的腐食　5
化学物質過敏症　63
拡散移動　6
加湿装置　30
ガス壊疽　20
カスケード・インパクター　89
ガス滅菌法　22
学級閉鎖　44
活性炭フィルタ　68
活動による微生物粒子発生量　6
カット野菜　48
家電製品公正取引協議会　23
カビ　15, 21
カビ指数　16, 17
花粉　3
花粉アレルゲン　55
花粉自動測定器　90
花粉症　55
花粉濃度　58
花粉飛散数　56
花粉落下量　57
カルベラ液　90
枯草菌　20
換気　29
換気扇　39
環境省花粉観測システム　56
環境微生物　77
桿菌　74
カンジダ　18, 20
感染限界　25
感染症予防法　19
感染防止無菌ユニット　18
乾熱滅菌法　22, 22

黄色ブドウ球菌　37, 20

索 引

危害分析　37, 46
気管支喘息　32
寄生・共生微生物　15
揮発性物質　23
逆性石鹸　23
球菌　74
牛乳　48
吸入粒子　7
教室　32
気流　38, 38
気流分布　68
菌糸状真菌　73
菌の濃度　25

空気感染　35, 20
空気管理　18, 38, 47
空気経由　5
空気清浄機　34
空中菌　20
空中浮遊菌　46
空中浮遊菌・落下菌の挙動　25
空中浮遊微生物　78
空中落下菌　77
空調機　30, 41
空調システム　40
くしゃみ　35
躯体一体化空調　32
クラミジア　15, 74
クリプトコックス　18
グルタルアルデヒド　22
クロラミン　22
クロルキシレノール　38
クロルヘキシジン　23

経口感染経路　20
傾斜　38
係数作業　90
形態観察　90
経皮感染　20
経皮感染経路　20
ゲオトリクム　18
化粧品工場　38, 48
結核菌　20
結核症　34
結露　28, 32, 38
原核細胞　15, 73
嫌気性菌　16
検収室　37
原虫　73

コアグラーゼ陰性ブドウ球菌　35
高圧蒸気滅菌法　22, 22

更衣室　37
好塩菌　16, 16
抗カビ　23
抗カビ試験　23
好乾性菌　16
好塩基性菌　16
好気性菌　16, 16
抗菌　23
抗菌加工　23, 23
抗菌化合物　38
抗菌規格　23
抗菌抗カビ剤　23
抗菌剤　23
抗菌製品技術協議会　23
抗菌製品の安全性評価　23
好酸性菌　16
コウジカビ　16, 20
好浸透圧親和性菌　16, 16
酵素殺菌フィルタ　69
高稠性　16
好熱菌　16
酵母　15, 20
酵母状真菌　73
好冷菌　16
コレラ菌　37
コロナウイルス　19
コンタクトプレート法　78, 85

■さ行

細菌　2, 15, 20, 21, 73, 81
細菌性食中毒菌　37
細菌濃度　2
最高温度　16
在郷軍人病　20, 29
最低温度　16
細胞群　77
材木　18
殺菌　18
殺菌消毒　46
サルモネラ菌　37
酸素　16
酸素要求性　77
3類感染症　19

次亜塩素酸ナトリウム　38, 46
GVグリセリンゼリー　90
シェークフラスコ法　23
下処理室　38
シックハウス症候群　63
室内花粉　57
室内環境　17
室内空気汚染濃度　1

室内空気汚染物質　1
室内空気質　1
至適温度　15
至適水素イオン濃度　16
ジフテリア菌　20
死亡期　20
シャワー室　18
シャワー設備　35
重層平板法　85
従属栄養菌　17
集団感染　32, 44
重要管理点監視　46
手術室　45
床材　38
消毒　22
消毒剤　23
衝突法　80
食品工場　37, 45
食品の総合衛生管理製造過程制度　46
食品への汚染　5
塵埃感染　20
真核細胞　15, 73
真菌　2, 15, 73, 81
真菌性疾患　74
真空吸引法　85
新5類感染症　19
深在性真菌症　18
診察室　36, 45
人獣共通感染症　20
人体発生量　34
侵入率　57
新4類感染症　19

水素イオン濃度　16
水滴の直径と落下速度計算値　8
水分活性　16
髄膜炎菌　20
スギ花粉症　55
スタンプ培地法　85
スピロヘータ　74
スポロトリコーシス　18

清潔作業区域　37
生鮮魚介類　47
生鮮食肉類　47
清掃　18, 46
清浄区域　37
成長　20
製品安全データシート　66
赤色酵母　16
世代時間　20
設計基準濃度　12

接触感染　35
接触経路　20
セラチア金属　35
セレウス菌　20
繊維製品機能評価協議会　23
洗浄作業　46
染色法　90
線毛　74

走化性　21
総揮発性有機化合物　65
総菌数　25
走光性　21
惣菜・寿司加工　47
増殖　19
増殖媒体　2
相対湿度　16
藻類　15, 73
ゾーニング　36, 37, 45

■た行
ダーラム型花粉測定器　89
耐塩性　16
耐乾性菌　16
大気感染経路　20
代謝構　77
耐食性　38
対数増殖期　20
体積法　89
大腸菌　17
ダクト　31, 41
ダニ　33
ダニアレルゲン　33
単一ダクト方式　36
炭疽菌　2, 37, 74
炭素源　17

チアベンダゾール　23
遅延期　20
窒素源　17
中温菌　16
腸炎ビブリオ　37
腸球菌　35
超高熱菌　16
調理加工室　38
直接寒天平板法　85
直接接触経路　20
直接法　85

通気口用フィルタ　59
通性嫌気性菌　16
漬物　48

索 引

DNA ウイルス　74
低温耐性菌　16
定常期　20
滴下法　23
適正製造基準　37
電気集塵方式　69
点検口　35
電磁波　69

同定　86
豆腐　48
独立栄養菌　17
土壌　18
トラップ　38

■な，は行

生菓子　48

二形性真菌　73
二酸化塩素　22
二次汚染　38
日本建築学会環境基準　12
日本住宅設備システム協会　23
入居前換気　69
2類感染症　19

ノカルジア　18
ノロウイルス　37，75

バーカード型花粉捕集器　89
肺炎球菌　20
バイオハザード施設　36
廃水　36
排水溝　38
培地　86
培養　77
培養条件　86
白癬　18
破傷風菌　20，74
バックヤードセンター　47
撥水性　38
パピラ　55
ハロー法　23

B型肝炎ウイルス感染症　35
光触媒　69
非健常者　63
飛散　19
微酸性電解水　36
微生物　2，73
微生物汚染　26，49
微生物検査　46

微生物制御　21，46
微生物増殖　17
微生物調査　46
微生物粒子発生の測定例　6
被爆の機構　5
被爆量　26
皮膚真菌症　18
飛沫感染　20
非メタン炭化水素化合物　65
百日咳菌　20
病院　35
病原性真菌　18
病原（性）微生物　15，18，20，35，44
病室　45
表面沈着・付着法　86
表面プラズモン共鳴法　90
日和見感染　45
日和見感染菌　20
ビル関連病　40
ピンホールサンプラー　75

ファンユニット　18
フィルタ法　80
フィルム密着法　23
風乾式手指乾燥機　43
不完全菌類　21
拭き取り法　78，84
腐食　5
付着微生物　84
物体経由　8
物理的消毒法　22
ブドウ球菌　17，37
浮遊細菌濃度　6
浮遊微生物測定法　77
浮遊粒子　8，46，78
プラズマ分解法　69
ブルセラ　37
粉砕法　85
分布　21
分離培養法　84

米飯　48
HEPAフィルタ　18，38
偏性嫌気性細菌　73
鞭毛　74

防カビ　23
防カビ剤　38
放射線滅菌法　22
放線菌　18
保管庫　38
ボツリヌス菌　20

98

索　引

ホルムアルデヒド　23

■ま，や行

マイコトキシン　20，37
マイコトキシン症　74
マイコプラズマ　15
待合室　36，45
窓開け換気　67

密度　55

ムーコル　18
無機系抗菌抗カビ剤　23
無菌室　37，38

滅菌　22
滅菌法　22

薬剤耐性菌　20
屋根裏換気　66

有機化合物系殺菌抗カビ剤　23
ユービッシュボディ　56
ユービッシュ粒子　68
床下換気　66
床の種類　33

ヨードホルム　22

浴室　18
浴槽　18

■ら行

らせん菌　74
落下菌数　46
落下菌測定法　77，83
落下菌法　7
落下速度　55
落下による汚染　7
落下法　89
落下粒子　78
落下粒子量　79
藍藻　15

リケッチア　15，74
両性界面活性剤　22
緑膿菌　35
リンス法　85

レプリカ法　85
連鎖球菌　20

老人性肺炎　20
ろ過法　22

欧　文

Absidia.　18
Actinomyces israelii（放射菌）　18
AIJES　12
AOAC法　18
Aspergillus 属（コウジカビ）　20
Aspergillus niger（クロコウジカビ）　23、18
A（*Aspergillus*）*terreus*　18
Aspergillus flavus　23、18
Aspergillus fumigatus　18，20
Aspergillus restrictus　16
Aspergillus sp.（species）　31，42
Aspergillus versicolor　23
ATP法　82
a_w　16

Bacillus cereus（セレウス菌）　20
Bacillus 属（枯草菌）　20
Bordetella pertussis（百日咳菌）　20
Building-rerated illness　40
B型肝炎ウイルス感染症　35

Candida albicans　18，20
C.histlyticum　20
C.septicum　20
C.tropicalis　18
CCP　46
Chaetomium globosum　23
Cladosporium（クロカビ）sp.（species）　31
Clostridium anthracis（炭そ菌）　20
Clostridium botulinum（ボツリヌス菌）　20
Clostridium novyi　20
Clostridium perfringens（ウエルシュ菌）　20
Clostridium tetani（破傷風菌）　20
Clostridium 属　20
Corynebacterium diphtheriae（ジフテリア菌）　20
Cry j 1　55，68
Cry j 2　55
Cryptococcus neoformans　18
Cryptococcus sp.（species）　20

DNAウイルス　74

索　引

ELISA法　90
Escherichia coli（大腸菌）　17

*Fusarium*属（アカカビ）　20

Geotrichum　18
GMP　37
GVグリセリンゼリー　90

HA　46
HACCP　12, 46, 46
Haemophilus influenzae（インフルエンザ菌）　20, 20
HEPAフィルタ　18, 38

IgE　55

MCS　63
MRSA（メチシリン耐性黄色ブドウ球菌）　35, 74
MSDS　66
Mucor　18
Multiple Chemical Sensitivity　63
MVOCs　41
Mycobacterium tuberculosis（結核菌）　20

Nocardia asteroids（放線菌）　18
N.brasiliensis　18
N.caviae　18

Neisseria meningitidis（髄膜炎菌）　20
NMHC　65

Paecilomyces　16
*Penicillium*属（アオカビ）　20
Penicillium funiculosum　23
Penicillium sp.（species）　31, 42
pH　16, 77

Rhizopus　18
Rhodotorura sp.（species）　16
RNAウイルス　74

SARS　19
SBS　63
SHS　63
Sick Building Syndrome　63
Sick House Syndrome　63
Sporothrix schenckii　18
Staphylococcus（ブドウ球菌）　17
Staphylococcus aureus（黄色球菌）　20
Streptococcus（連鎖球菌）　20
Streptococcus pneumoniae（肺炎球菌）　20

TBZ　23
Trichophyton　18
TVOC　65

微生物・花粉による室内空気汚染とその対策
―健康影響・測定法から建築と設備の設計・維持管理まで―

定価はカバーに表示してあります。

2009年8月15日　1版1刷発行	ISBN 978-4-7655-2532-9 C3052

編　者　　社団法人日本建築学会

発行者　　長　　滋　　彦

発行所　　技報堂出版株式会社

〒101-0051　東京都千代田区神田神保町1-2-5
　　　　　　　　　　　（和栗ハトヤビル）

日本書籍出版協会会員
自然科学書協会会員
工学書協会会員
土木・建築書協会会員

電　話　営　業（03）(5217)0885
　　　　編　集（03）(5217)0881
　　　　Ｆ Ａ Ｘ（03）(5217)0886
振替口座　00140-4-10
http://www.gihodoshuppan.co.jp/

Printed in Japan

© Architectual Institute of Japan, 2009　　装幀 浜田晃一　印刷・製本 昭和情報プロセス

落丁・乱丁はお取り替えいたします。
本書の無断複写は，著作権法上での例外を除き，禁じられています。

◆ 小社刊行図書のご案内 ◆

室内空気質環境設計法

日本建築学会 編
B5・172頁

【内容紹介】シックビルやシックハウスが問題となっている近年,室内空気質を目的とするレベルに達成し,それを保つということは,環境を造る技術者にとって基本的な業務である。環境的な条件が出現されるためのメカニズムに基づき,自然条件,生活条件,社会的条件の要素を組み込んだエンジニアリングとしての設計が必要である。本書は,建築物室内環境で問題となっている主要な汚染物質について,改善のための設計を眼目において,ターゲット値,汚染の実態と機構,予測,発生量などをまとめた。

健康建築学
――健康で快適な建築環境の実現に向けて――

渡辺俊行・高口洋人他 著
A5・198頁

【内容紹介】21世紀の健康で快適な建築環境を実現する方法論について述べた書。20世紀の建築設備の発展は,建築空間を「基準」という尺度で画一化し,無菌化を推し進めることにより,病気や騒音,不快感を締め出す一方で,ストレスや感受性の低下,シックハウスといった人間の健康にかかわる新たな問題も生み出してきた。このような状況下,本書は住まい手,使い手である人間と,それを取り囲む建築環境システムを統合的に扱うことを目指し,健康科学と建築設備の観点から建築環境を論じる。

昼光照明デザインガイド
――自然光を楽しむ建築のために――

日本建築学会 編
B5・170頁

【内容紹介】市人々が助け合って生活するうちに,独自の住まいや暮らしの文化が地域ごとに形成され,受け継がれてきた。本書では,これらを76の「集住の知恵」として選び,見開き頁で多くの図版とともに紹介している。地球環境の重要性が広く認識されている現代,景観的にも豊かな集住の知恵を,単なるノスタルジーを超えて再評価したい。

シックハウス事典

日本建築学会 編
A5・220頁

【内容紹介】「建築の歴史は窓の歴史」と言われるほど,窓は建築物のもっとも重要な要素であり,「採光」は窓の持つ重要な機能の一つである。一方,電灯照明の歴史はエジソンの時代から約120年に過ぎない。歴史的長さから考えて,ヒトがより親しんでいるのは昼光照明であると言える。本書は,昼光照明による理想的な環境をめざすためのガイドブック。昼光照明に関わる最新の技術や状況に合わせた設計資料を整備するとともに,将来に備えその可能性を広げるために,根本的な意義と基本的な理論についてまとめている。第1～4章でおよその昼光照明設計に対応,第5章～第7章が基礎編(理論編)となる。

事例に学ぶ　建築リスク入門

日本建築学会 編
A5・162頁

【内容紹介】『建築』に関連させて,「リスク」という新しい概念を,わかりやすく伝える書。従来型の,「リスク」の基礎概念から応用展開の提示という流れの説明方法をとらず,先にいろいろな応用事例を紹介し,それらの事例から糸を手繰り寄せて解説する,いわゆる,逆の流れの説明方法を採用している。このことにより,建築においてリスクを用いるねらい,仕組み,そして,リスクの本質を徐々に浮かび上がらせることができる。

シックハウス事典

日本建築学会 編
A5・220頁

【内容紹介】最近マスコミ報道にもたびたび登場するシックハウス症候群についての一般向き概説書。症状の説明から始め,原因や予防法,症状が出たときの対処法,困ったときの相談先,家づくり・家選びやリフォームにあたっての注意点等々を,建築学,医学,化学など関連分野の専門家が,Q&A形式で簡潔に解説している(Q&A99項目)。新築,購入,リフォームを考えている方や,実際にシックハウス症候群に悩まされている方々に,ぜひ一読いただきたい。

技報堂出版 | TEL 営業 03(5217)0885 編集 03(5217)0881
FAX 03(5217)0886